Für die einen war er ein politischer Rebell, für die anderen der Messias und Gottes Sohn: Jesus von Nazaret. Seine Lehre und sein Leben sind nicht voneinander zu trennen. Alois Prinz zeichnet anschaulich das dramatische Leben dieses Mannes nach, der in einer politisch brisanten Zeit die Botschaft von Mitmenschlichkeit und göttlicher Liebe verbreitete und diese auch selbst lebte. Wir erfahren, unter welchen Lebensumständen Jesus aufwuchs, was ihn prägte, wie er handelte und was ihm wichtig war. Ein Leben, das seit über 2000 Jahren Orientierung ist für alle auf der Suche nach innerer Freiheit und Mitmenschlichkeit und das auch in der heutigen Zeit Wegweiser sein kann.

Alois Prinz, 1958 geboren, studierte Literaturwissenschaft und Philosophie in München und lebt heute mit seiner Familie in Feldkirchen. Er veröffentlichte mehrere erfolgreiche Biographien, u. a. über Georg Forster, Hermann Hesse, Ulrike Marie Meinhof und Franz Kafka. Seine Hannah-Arendt-Biographie war monatelang auf den deutschen Bestsellerlisten. Er wurde für seine Bücher u. a. mit dem Deutschen Jugendliteraturpreis und dem Evangelischen Buchpreis ausgezeichnet.

Zuletzt erschien im Insel Verlag: Teresa von Avila. Eine Biographie (2014).

insel taschenbuch 4339

Alois Prinz

Jesus von Nazaret

Alois Prinz

JESUS

VON NAZARET

Der sanfte Rebell

Insel Verlag

Umschlagabbildung: Hauptmann & Kompanie, Zürich

Erste Auflage 2014
insel taschenbuch 4339
Insel Verlag Berlin 2014

Vertrieb durch den Suhrkamp Taschenbuch Verlag
Umschlag: Hauptmann & Kompanie Werbeagentur,
Zürich, Vivien Heinz
Druck: CPI – Ebner & Spiegel, Ulm
Printed in Germany
ISBN 978-3-458-36039-1

INHALT

* Die Stellen aus dem Neuen Testament werden zitiert nach der *Einheitsübersetzung der Heiligen Schrift: Das Neue Testament. Ökumenischer Text*, Stuttgart: Katholische Bibelanstalt 1980 sowie Zürcher Evangelien-Synopse, hrsg. von Carl Heinz Peisker, Wuppertal: Oncken 1962.

Die einzelnen Evangelien werden wie folgt abgekürzt:

Mt – Matthäus	Mk – Markus	
Lk – Lukas	Joh – Johannes	Apg – Apostelgeschichte

Bei der Angabe der Bibelstelle wird das Buch genannt, dann das Kapitel und der Vers, z. B. Mt 2,23 = Matthäus, Kapitel 2, Vers 23. Der Zusatz »parr« (parallel) bedeutet, dass diese Stelle auch in den je anderen synoptischen Evangelien zu finden ist.

Die Schreibung der Orts- und Personennamen und die Abkürzungen der biblischen Bücher folgen weitgehend den Loccumer Richtlinien.

EINFÜHRUNG

Am Jordan
oder
Jesus, das Ärgernis

Betanien, was so viel heißt wie »Bootshausen«, so wird im Johannesevangelium der Ort am Jordan genannt, wo Jesus von Johannes dem Täufer getauft worden sein soll. (Joh 1,28)*

Die Uferbereiche nahe der Stadt Jericho, wo man die Taufstelle vermutet, sind heute ein Ziel für Gläubige aus aller Welt. Pilger in weißen langen Hemden steigen der Reihe nach in den Fluss und lassen sich von einem Priester rückwärts ins Wasser tauchen. Der Jordan ist ein schmales Flüsschen, in dem das Wasser mehr steht als fließt. Damals, in den Tagen des Täufers Johannes, soll der Fluss noch zwei- bis dreihundert Meter breit gewesen sein. An einer Furt, wo der Fluss weniger reißend und nicht so tief war, hatten die Jünger des Johannes eine Treppe ins Wasser gebaut. Davor drängten sich die Menschen. Johannes war eine Berühmtheit und die Leute kamen von weit her, um ihn zu hören und sich von ihm taufen zu lassen. Am Ufer entlang standen nicht wie heute Autos und Busse, sondern Kamele und Esel, beladen mit Decken und Zeltplanen. Der jüdische Geschichtsschreiber Flavius Josephus nennt Johannes einen edlen Mann, dessen »wunderbare Anziehungskraft« eine »gewaltige Menschenmenge« anlockte.[1]

Und das, obwohl sie von Johannes keine angenehmen Worte und erbaulichen Predigten zu hören bekamen. Vielmehr beschimpfte er sie wüst als »Schlangenbrut« (Mt 3,7) und drohte ihnen zornig mit einem entsetzlichen Gericht, wenn sie nicht bereit wären, ihr Leben radikal zu ändern. Zu den donnernden Reden des Täufers passte auch sein Aussehen. Er hatte eine wilde Haarmähne, bekleidet war er mit einem groben Umhang aus Kamelhaar, und alles, was er aß, waren Heuschrecken und wilder Honig.

Der Evangelist Lukas nennt ziemlich genau den Zeitpunkt, als sich seiner Schilderung nach an der Taufstelle am Jordan etwas Ungewöhnliches ereignet haben soll. (Lk 3,1-22) Der Kaiser in Rom hieß Tiberius, Pontius Pilatus war Statthalter von Judäa, Herodes Antipas, ein Sohn des Herodes des Großen, war Tetrarch von Galiläa und Kaiphas Hohepriester in Jerusalem. Die Amtszeiten dieser Personen sind bekannt, legt man nun noch die damalige Zeitrechnung zugrunde, dann muss es ein Tag Ende des Jahres 27, Anfang des Jahres 28 n. Chr. gewesen sein.

Wieder sind viele Menschen an den Jordan gekommen, um sich von Johannes taufen zu lassen. Unter ihnen ist ein junger Mann Mitte zwanzig. Als die Reihe an ihm ist, steigt er zu Johannes ins Wasser. Aber der sonst so temperamentvolle und hitzköpfige Johannes wird plötzlich kleinlaut, zögerlich, ja unterwürfig. »Ich müsste von dir getauft werden, und du kommst zu mir?«, sagt Johannes im Matthäusevangelium. (Mt 3,14) Der junge Mann besteht darauf, von Johannes getauft zu werden, und schließlich geschieht es so.

Dieser Vorfall sorgt unter den Leuten am Fluss für erhebliche Unruhe. Denn viele von ihnen halten Johannes für einen Propheten oder gar für den geweissagten Messias. Johannes hatte eine solche Verehrung immer energisch zurückgewiesen und darauf beharrt, dass er nur ein Vorläufer sei und nach ihm einer komme, der viel größer sei als er. Und nun zeigt er vor einem jungen Mann so viel Respekt und Ehrfurcht. Ist denn an diesem Mann etwas Besonderes? Keiner kennt ihn. Nur so viel ist zu erfahren, dass er Jesus heißt, aus Galiläa kommt und der Sohn eines Bauhandwerkers namens Josef ist.

Mit der Taufe am Jordan begann das öffentliche Wirken des Jesus von Nazaret. In den folgenden Wochen und Monaten machte er immer mehr von sich reden. Er zog in der Gegend um den See Gennesaret umher, heilte Kranke und hielt Reden, wie man sie noch nie gehört hatte. Immer mehr Menschen schlossen sich ihm an und verehrten ihn als einen Propheten oder sogar als den Messias, der das Volk Israel von der römischen Herrschaft befreien würde. Mit seinen Ansichten zog er den Argwohn der jüdischen Schriftgelehrten auf sich, und für die römischen Besatzer waren Wanderprediger wie dieser Jesus gefährliche Unruhestifter, die im Verdacht standen, die römische Herrschaft infrage zu stellen und ihre Landsleute zum Widerstand aufzuwiegeln. Schließlich wurde Jesus verhaftet und hingerichtet, am Kreuz, wie man es nur mit Schwerverbrechern machte.

Mit seinem Tod brach für seine Anhänger, die sich der »neue Weg« (Apg 9,2) nannten, eine Welt zusammen. Für viele unter ihnen war es eine bittere Tatsache, dass sie sich in Jesus getäuscht hatten und die ganze Bewegung um ihn erbärmlich gescheitert war. Jahrelang waren sie einem Mann gefolgt, von dem sie sich so viel erwartet hatten. Einige hatten gehofft, dass Jesus den entscheidenden Aufstand gegen die Römer anführen werde. Andere hatten erwartet, dass mit Jesus das ersehnte Gottesreich anbrechen werde und sie darin bevorzugte Plätze einnehmen würden. Nichts davon war eingetroffen. Stattdessen war ihr Meister am Kreuz gestorben wie ein x-beliebiger Verbrecher.

Die Frauen und Männer, die dem Mann aus Nazaret gefolgt waren, zerstreuten sich in alle Winde und damit schien diese kleine jüdische Sekte ausgelöscht und vergessen zu sein. Aber schon nach kurzer Zeit tauchten die Jesus-Leute wieder auf und behaupteten, ihr Meister sei nicht tot, sondern von den Toten auferstanden. Die Nachricht vom Zimmermannssohn aus Galiläa, der in Wahrheit Gottes Sohn war, der die väterliche Liebe Gottes zu den Menschen verkündete und selber lebte, der hingerichtet wurde und wieder auferstanden war, verbreitete sich nun unaufhaltsam. Entscheidend trug dazu ein Mann namens Paulus bei, der nur wenig jünger war als Jesus. Er, der sich vom fanatischen Verfolger der Jesus-Leute zum Apostel gewandelt hatte, verhinderte, dass die Lehre des Nazareners eine rein jüdische Angelegenheit blieb. Er brachte die »frohe Botschaft« auch zu den Heiden. Überall in Kleinasien und sogar in Griechenland und in Rom entstanden Gemeinden der Christen, wie sie jetzt genannt wurden.

Zunächst wurden die Erinnerungen an Jesus mündlich weitergegeben. Doch dann begann man in den Gemeinden, diese Geschichten zu sammeln und sie aufzuschreiben. Die Verfasser dieser Berichte hatten von Anfang an mit einem Problem zu kämpfen. Wie sollten sie über jemanden schreiben, dessen »Reich nicht von dieser Welt« war, wie es im Johannesevangelium heißt, und der doch auch ein Mensch war aus Fleisch und Blut, der aß und schlief, der Hunger und Durst kannte, der lachte und weinte, der Schmerzen erlitt und eines gewaltsamen Todes starb.

In der frühen Kirche wurde heftig darüber gestritten, wie man diese zwei Seiten des Jesus von Nazaret, seine göttliche und seine menschliche, verstehen und wie man sie beschreiben kann. War Jesus nun zur Hälfte ein Mensch und zur anderen Hälfte ein Gott? Oder war er nur ein bisschen Mensch und hauptsächlich Gott? Oder war er nur scheinbar ein Mensch? Oder war er nicht wirklich Gott, sondern nur Gott ähnlich?

Auf einem Konzil in der kleinasiatischen Stadt Chalkedon wollte man im fünften Jahrhundert diesen Spekulationen ein für alle Mal ein Ende bereiten, indem man festlegte, dass Jesus »wahrer Mensch und wahrer Gott« gewesen sei. Er war demnach also beides – und beides ganz. Das ist schwer zu verstehen. Es ist ein Paradox.

»Wahrer Mensch und wahrer Gott« – diese Formel ist weniger eine Lösung als eine Aufgabe. Denn wie kann man das Leben eines Menschen erzählen, der ein Mensch und zugleich Gott war, und beides ganz? Einige Wissenschaftler und Autoren haben in erster Linie die menschliche Seite des Nazareners betont und sahen ihn als einen Religionsstifter, als großen Lehrer, als einen genialen Psychologen oder einen politischen Rebellen. Bei anderen wiederum überwiegen die göttlichen Eigenschaften Jesu, und das führt oft so weit, dass er zu einer abgehobenen Gestalt wurde, die über der menschlichen Welt schwebt und kaum noch mit den Füßen die Erde berührt. Wie kann man ein zu einseitiges Bild von Jesus vermeiden? Wie schafft man es, ihn zu sehen als »wahrer Mensch« und »wahrer Gott«?

Auch seine Zeitgenossen hatten offenbar ihre Schwierigkeiten mit Jesus. Selbst seine engsten Freunde sind manchmal schier verzweifelt an ihm, weil er einfach nicht die Vorstellungen erfüllte, die sie sich von ihm machten. Denn er trat ganz anders auf, als man es sich von einem religiösen Führer oder einem Volkshelden erwartete. Er lebte arm und anspruchslos. Er gab sich mit Leuten ab, die in den Augen rechtgläubiger Juden gebrandmarkte Außenseiter und Sünder waren. Er bekleidete kein hohes Amt, verdiente kein Geld und genoss kein Ansehen wie die Tempelpriester in Jerusalem. Er war wehrlos und ließ es geschehen, dass man ihn verfolgte und schließlich tötete. Als er am Kreuz hing, zeigte es sich am deutlichsten, dass die meisten seiner Freunde ein falsches Bild von ihm hatten.

Schon vorher, als sie noch gemeinsam durch Galiläa gezogen waren, hat Jesus seine Begleiter immer wieder ermahnt, sich nicht über ihn zu ärgern. (Lk 7,23; Mk 14,27) Denn ärgerlich war es für seine Gefährten, dass Jesus sich oft so ganz anders benahm, als sie es erwarteten und erhofften. Seine Jünger hätten es gern gehabt, dass Jesus ihnen eindeutige Zeichen und Antworten gibt, um Klarheit darüber zu haben, wer er war und was er wollte. Jesus ging auf solche Forderungen nicht ein. Er wollte seinen Jüngern und Begleitern nicht die Zweifel, die Ungewissheiten nehmen. Denn ihm nachzufolgen, das sollte ein Wagnis sein und bleiben.

Dieses Wagnis, sich auf ihn einzulassen, gehört wesentlich zu dem, was Jesus Glauben nannte. Und dieses Wagnis bleibt auch uns Heutigen nicht erspart. Darum ist es gefährlich, sich über Jesus allzu sicher zu sein. Ein allzu selbstgewisses Wissen über Jesus nimmt uns jedes Risiko. Es ist eine Abkürzung zu Gott, die uns eher von ihm wegführt. Und selbst zweitausend Jahre Christentum, Generationen von Theologen, Berge von gelehrten Abhandlungen, unzählige Lehren der Kirche, Zeugnisse von Heiligen und Menschen, die ihm nachgefolgt sind – all das gibt uns keine Gewissheit über Jesus von Nazaret, die wir einfach nur zu übernehmen bräuchten. Um ihm nahezukommen und sein Geheimnis zu verstehen, müssen wir zu allen Zeiten mit ihm gleichzeitig werden. Das heißt, wir müssen ihn sehen und gleichsam mit ihm leben wie seine Zeitgenossen und Begleiter – mit denselben Zweifeln, mit derselben offenen Frage, wie die Sache wohl ausgeht.

Jesus selbst hat zu seinen Lebzeiten immer wieder Hinweise gegeben, wie man ihn sehen, wie man zu ihm stehen soll. In den Schriften des Evangelisten Lukas ist auch Johannes der Täufer unsicher darüber, mit wem er es zu tun hat. (Lk 7,18-23) Als Johannes im Gefängnis sitzt, lässt er über Freunde an Jesus die Frage richten, wer er sei. Jesus antwortet Johannes nicht, indem er etwa sagt: »Ich bin der Sohn Gottes«, oder »Ich bin der Messias«. Er teilt Johannes auch nicht seine Botschaft mit. Er sagt ihm nur, was er getan hat, dass er Kranke geheilt und Arme getröstet hat. Diese Auskunft soll Johannes genügen, um zu verstehen, wer Jesus ist.

Unsere Situation heute ist nicht anders als die von Johannes. Auch wir können erfahren, was Jesus gesagt und getan hat, und wir müssen diese Worte und Taten richtig auslegen und deuten, um zu wissen, wer Jesus war. Das heißt aber auch, dass das Leben des Jesus von Nazaret nicht abtrennbar ist von seiner Lehre. Auch das unterscheidet ihn von anderen großen Gestalten der Weltgeschichte. Die Lehren eines Aristoteles kann man verstehen, ohne dass man wissen muss, wie und zu welcher Zeit dieser griechische Gelehrte gelebt hat. Man braucht auch nichts über den Menschen Karl Marx zu wissen und kann trotzdem den Marxismus studieren. Und wer klug genug ist, kann sich mit der Relativitätstheorie beschäftigen, auch wenn er noch nie etwas von Albert Einstein gehört hat.

In all diesen Fällen ist die Lehre ablösbar vom jeweiligen Erfinder oder Entdecker. Bei Jesus ist das nicht möglich. Er hat nicht nur eine Botschaft verbreitet, sondern er hat seine Botschaft gelebt. Seine Lehre und sein Leben sind eins. »Die Person Jesu *ist* seine Lehre und seine Lehre ist er selbst«, so drückte es Joseph Ratzinger aus.«[2] Insofern ist auch das Christentum keine Lehre, es ist eine »Existenz-Mitteilung«[3], und das einzige Vorbild für diese Mitteilung ist das Leben des Jesus von Nazaret. Er, der sich »Menschensohn« nannte, hat vorgelebt, wie ein Dasein im absoluten Vertrauen auf die göttliche Liebe aussehen kann. Dieses Leben bleibt für alle Zeiten das Vorbild für alle, die dem »Menschensohn« nachfolgen wollen. Nachfolge bedeutet mithin, die innere Freiheit zu gewinnen, wie Jesus sie besaß, und die Mitmenschlichkeit zu praktizieren, wie er sie geübt hat.

Auch für das Christentum ist das Leben Jesu die Grundlage und die einzige Orientierung. Nach Karl Jaspers, der Jesus zu den »maßgebenden Menschen« zählt, geht von ihm auch heute noch eine große »Lebendigkeit« aus, die für Jaspers ihren Grund in seiner »Radikalität« hat.[4] Eine Radikalität freilich, der es nicht darum geht, immer dagegen zu sein, sondern die immer eine Alternative aufzeigt, ein Leben, das möglich und »sinnvoll« ist. Jesus ist somit auch das »Dynamit«, das die Kirche und das Christentum vor Erstarrung bewahrt und beide zwingt, sich immer wieder zu hinterfragen. Jesus wollte ein Ärgernis sein in dem Sinne, dass er sich den Ansichten und Vorurteilen der Menschen immer wieder entzogen hat. Es erwies sich, dass er immer anders, tiefer und größer war als die Bilder, mit denen ihn die Menschen festlegen wollten. Das »Heil«, das er versprach, überstieg die herkömmlichen, oft allzu menschlichen Anschauungen über ihn und seine Sendung. Insofern ist Jesus eine stete Herausforderung – und damit auch eine Aufforderung an uns, auch von uns selbst größer, »göttlicher« zu denken.

1.

Kaiser, Könige und die Liebe des Volkes

Sein Geburtstag wurde als die Geburtsstunde eines göttlichen Kindes und als »Evangelium« (griech.: gute Nachricht) gefeiert, er wurde als »Sohn Gottes« verehrt, als »Retter« und als Bringer einer »Goldenen Weltzeit«. »Er macht ein Ende der eisernen Zeit; eine goldene Menschheit wird die Erde erfüllen«, so pries der römische Dichter Vergil diesen Friedensstifter.[5]

Die Rede ist hier nicht von Jesus von Nazaret, sondern von Kaiser Caesar Octavius Augustus in Rom. Und für die religiöse Verehrung, die ihm zuteilwurde, schien es allen Grund zu geben. Dieser Kaiser Octavian, der sich den Namen »Augustus«, der Erhabene, zulegte, hatte den römischen Bürgerkrieg beendet und seinen Rivalen Antonius ausgeschaltet. Mit seiner Alleinherrschaft begann 27 v. Chr. eine lange Friedenszeit, die »Pax Romana«. Straßen wurden gebaut zu den entlegensten Städten und Provinzen, die Meere wurden von Piraten befreit. Jeder konnte nun ungehindert und relativ sicher reisen. Die

Verwaltung der eroberten Gebiete wurde verbessert, der Handel wurde angeregt und die Wirtschaft blühte auf. Unter der Herrschaft des göttlichen Kaisers wurden so viele neue Gebiete erobert wie nie zuvor. Praktisch die ganze damals bekannte Welt gehörte zum römischen Imperium. Die römischen Legionäre waren im Norden bis Britannien, im Süden bis Äthiopien, im Westen bis Spanien und im Osten bis Mesopotamien vorgedrungen.

Dabei erwies sich Augustus als ein »Meister der moralischen Eroberung«. Der Philosoph Nikolaos von Damaskus beschrieb Augustus als einen Mann, der den Gipfel von Macht und Weisheit erlangt und sogar die »Herzen der Menschen« gewonnen habe, zunächst mit und dann ohne Waffen.[6]

Wie aber sahen diese »moralischen Eroberungen« aus? Augustus war so klug, die unterworfenen Völker nicht mit brutaler Härte und der Überheblichkeit des Siegers zu regieren. Natürlich wurden die eroberten Gebiete ausgebeutet und die Bevölkerung musste Steuern nach Rom zahlen. Andererseits wurde den unterworfenen Völkern eine gewisse Selbstständigkeit zugestanden und man nahm Rücksicht auf ihre Sitten und Gebräuche. Darüber hinaus schenkte Augustus ihnen die Segnungen der römischen Kultur: Straßen, Aquädukte, Theater und Thermen. Auch die Verehrung des göttlichen Kaisers wurde in die unterworfenen Gebiete exportiert und dort auch meist angenommen. Ein Gott, der nicht nur aus Stein oder Holz war oder irgendwo weit weg im Himmel thronte, sondern der auf der Erde lebte und sichtbar war, kam den Bedürfnissen der Menschen entgegen. Abgesehen davon hatte der Kaiserkult auch eine politische Bedeutung. Wer den Kaiser verehrte und ihm opferte, der bewies seine Loyalität gegenüber Rom. Und genau das wollte Augustus erreichen. Was er erwartete, war die Dankbarkeit der eroberten Völker. Sie sollten sich freiwillig dem Imperium unterwerfen und die Überlegenheit der militärischen Macht und römischen Kultur anerkennen.

Wie alle totalitären Machthaber wollte Augustus auch die Herzen seiner Untertanen gewinnen. Das geschah allerdings auf der Grundlage eines hoch entwickelten Militärapparates. Wenn die Toleranz des Kaisers nicht die erwünschte Ergebenheit bewirkte, dann war es mit der Geduld schnell zu Ende und die Gewalt kam zum Einsatz. Pax Romana war ein Gewaltfrieden. Der Gottmensch Augustus konnte sich seine tolerante Haltung nur leisten, weil er jederzeit seine Legionäre losschicken und für klare Verhältnisse sorgen konnte. Und klare Verhältnisse, das hieß: Rom gab den Ton an und die anderen hatten zu gehorchen.

Am östlichen Rand des römischen Weltreichs lag ein kleines, unbedeutendes Land, Palästina, das den Römern mehr Schwierigkeiten machte, als ihnen lieb war. Die

Strategie der Pax Romana ging hier nicht auf, und schon gar nicht konnte der göttliche Augustus die Herzen der Bewohner erobern, obwohl er sie mit Wohlwollen behandelte. Das lag in erster Linie an der besonderen, einzigartigen Religion dieses Volkes. Es betrachtete sich als ein auserwähltes Volk, auserwählt von einem Gott namens Jahwe, der so heilig war, dass man seinen Namen nicht nennen und auch nicht schreiben durfte. Dieser Gott hatte die Juden, so ihr Glaube, erwählt aus allen Völkern. Er hatte mit ihnen einen Bund geschlossen und sie aus der Gefangenschaft in Ägypten befreit. Dieses Bewusstsein, ein auserwähltes Volk zu sein, machte die Juden zu einem Außenseiter unter den Völkern, verschaffte ihnen aber gleichzeitig einen besonderen Zusammenhalt und ein einzigartiges Selbstbewusstsein. Daran änderte sich auch nichts, als das Land Palästina immer wieder unter fremder Herrschaft stand.

Im Jahre 63 v. Chr. hatte der römische Feldherr Pompeius Jerusalem belagert und nach dem Fall der Stadt ein furchtbares Blutbad angerichtet. Noch schlimmer als die Grausamkeit der Römer war es für die gesetzestreuen Juden gewesen, dass Pompeius das Allerheiligste des Tempels betreten hatte, was allein dem Hohepriester vorbehalten war. Palästina wurde ein Teil der römischen Provinz Syrien. Die Römer waren für die Juden nicht nur ungeliebte Besatzer, sondern verachtete Heiden. Einen Menschen als Gott anzubeten, war für sie undenkbar.

Und dass die Römer neben ihrem Kaiser noch andere Götter verehrten, machte sie in ihren Augen zu gottlosen Götzendienern.

Den Römern wurde schnell bewusst, dass sie es mit einem sehr aufsässigen Volk zu tun hatten und es nur Probleme geben würde, wenn sie es zu stark unterdrückten. Also gewährten sie den Juden gewisse Freiheiten, und sie besetzten wichtige Ämter nicht mit eigenen Leuten, sondern suchten nach einheimischen Handlangern, die die Interessen Roms vertraten. Ihre Wahl fiel auf einen gewissen Antipater aus Idumäa, einer Landschaft zwischen Palästina und Ägypten, den sie zum Prokurator ernannten. Seine romfreundliche Haltung wurde ihm aber zum Verhängnis. Bei einem Festessen wurde er 43 v. Chr. von den Anhängern einer romfeindlichen jüdischen Familie vergiftet.

Antipater hatte einen Sohn namens Herodes, der seinen ermordeten Vater rächen wollte. Dieser Herodes bewunderte die Römer, und wie entschlossen und skrupellos er sein konnte, davon hatten die Juden bereits einen Eindruck erhalten. Ohne sich um bestehende Gesetze zu kümmern, hatte er im Alter von sechsundzwanzig Jahren eine Gruppe von Rebellen bekämpft und den Anführer mitsamt seinen Mitstreitern hinrichten lassen.[7] Diese Entschlossenheit und Romtreue gefiel den Römern und sie ernannten Herodes im Jahre 40 v. Chr. zum König von Judäa. Er war allerdings ein König ohne Land, denn aus seiner Heimat hatte er nach dem Tode seines Vaters fliehen müssen und Jerusalem war zu dieser Zeit in der Hand seiner Feinde. Mit seinen eigenen Anhängern und einem mächtigen römischen Heer kehrte Herodes in seine Heimat zurück und zog eine Blutspur durch Palästina. Fünf Monate lang belagerte er Jerusalem, ehe die Stadt fiel und er die große Abrechnung durchführen konnte. Seine Freunde belohnte er, seine Feinde, darunter auch die Mörder seines Vaters, ließ er töten.

Mit sechsunddreißig Jahren war Herodes nun König von Judäa und zugleich der verlängerte Arm Roms. Beides wollte er miteinander vereinen, aber das gelang ihm nicht. Er sicherte sich das Wohlwollen jener Männer, die in Rom an der Macht waren. Augustus nannte er seinen Freund und gab einer neu errichteten Stadt den Namen des göttlichen Kaisers. Seine eigenwilligen Untertanen regierte er mit eiserner Faust und duldete keinen jüdischen Patriotismus und keine Unabhängigkeitsbestrebungen.

Andererseits wollte er der geliebte König seines Volkes sein. Er ließ gewaltige Bauwerke errichten, darunter die Stadt Cäsarea mit einem künstlichen Hafen, die Felsenfestung Masada, einen märchenhaften Palast nahe Jericho und vor allem den gewaltigen Tempel von Jerusalem. Tausende von Juden fanden so Arbeit und konnten ihre Familien ernähren. Herodes, den der Geschichtsschreiber Flavius Josephus »Herodes der Große« nennt, senkte sogar die Steuern und half in Zeiten von Missernten. Indes – alle diese Wohltaten nutzten ihm nichts. Er blieb ein ungeliebter, von vielen gehasster König.

Das machte ihn mit den Jahren zu einem verbitterten, misstrauischen und hemmungslosen Tyrannen. Überallhin sandte er seine Spitzel aus, um zu erfahren, was über ihn geredet wurde oder ob gegen ihn eine Verschwörung im Gange war. Der geringste Verdacht genügte, um jemand foltern oder hinrichten zu lassen. Keiner war sicher davor, verleumdet zu werden. Und wer bei Herodes in der Gunst stand, konnte im nächsten Moment zum Verräter erklärt werden. Für jede üble Nachrede, für jedes Gerücht hatte er ein offenes Ohr. Und bald wurde er schier verrückt vor lauter Verdacht und Argwohn.

Vor allem das Königshaus selber glich einem Tollhaus. Zehn Mal hatte Herodes geheiratet und seine Frauen und seine zahlreichen Kinder heckten dauernd Intrigen aus, um sich gegenseitig auszustechen. Schließlich kam es so weit, dass Herodes seine Ex-Frau Mariamne, an der er besonders hing, und zwei seiner Söhne umbringen ließ. Doch auch diese Morde konnten sein krankhaftes Misstrauen nicht beruhigen. »Von jetzt an«, so heißt es bei Flavius Josephus, »war er vor Angst wie außer sich. Der leiseste Verdacht regte ihn auf; er ließ viele Unschuldige zur Folter schleppen, um nur ja keinen Schuldigen zu übergehen.«[8]

Als junger Mann war Herodes ein bewunderter Reiter, ein unbesiegbarer Ringkämpfer und ein meisterhafter Bogenschütze gewesen. Als alter, fast siebzigjähriger Mann war er ein körperliches und seelisches Wrack, überall witterte er Feinde und seine Willkür und Grausamkeit kannten keine Grenzen. Er ließ dreihundert Soldaten hinrichten, die Sympathie mit seinen getöteten Söhnen zeigten. Sechstausend Schriftgelehrte, Angehörige der Schule der Pharisäer, bezahlten es mit ihrem Leben, dass sie sich weigerten, einen Treueeid gegenüber dem König abzulegen, den Herodes von seinem ganzen Volk verlangte.

Diese Pharisäer hatten behauptet, die Zukunft voraussehen zu können, und hatten geweissagt, Herodes werde nach göttlichem Ratschluss seine Herrschaft verlieren und ein anderer König werde an seine Stelle treten. Solche Prophezeiungen machten Herodes rasend, und er drohte jedem mit dem Tode, der den Reden der Pharisäer Glauben schenken sollte.[9] Der Wunsch nach einem neuen König, einem Messias, der das Land von den gottlosen Besatzern befreiten würde, war im ganzen Volk verbreitet und wurde nur noch stärker, je brutaler Herodes ihn auslöschen wollte.

Herodes war ein schwer kranker Mann. Sein Körper war mit Geschwüren bedeckt, ein unerträglicher Juckreiz quälte ihn, er hatte andauerndes Fieber und Atembeschwerden machten ihm das Liegen unmöglich. Er hatte Angst vor dem Tod, aber noch mehr ängstigte ihn der Gedanke, dass sein Volk sich über seinen Tod freuen würde. Er befahl daher, Tausende der vornehmsten Juden im Stadion von Jericho einzuschließen und von Bogenschützen bewachen zu lassen. Wenn dann sein eigenes Ende komme, sollten alle Eingeschlossenen mit Pfeilen getötet werden, damit bei seinem Tod im ganzen Land Trauerstimmung herrsche.[10]

Dieser Befehl wurde nicht ausgeführt. Als Herodes im Jahre 4 v. Chr. starb, wurden die gefangen gehaltenen Juden freigelassen. Nun brachen überall im Land Unruhen aus, die getragen waren von der lange unterdrückten Sehnsucht nach einem einheimischen Befreier.

Ein ehemaliger Sklave des Herodes namens Simon scharte einen Haufen verwegener Gestalten um sich, die ihn als König verehrten und plündernd von Ort zu Ort zogen. Noch schlimmer trieb es der Schafhirte Athronges, der sich ebenfalls als neuer König feiern ließ und mit seiner Meute römische Soldaten angriff. Ein gewisser Judas ging sogar so weit, dass er mit Waffen gegen alle kämpfte, die eine weltliche Herrschaft anstrebten, wobei er selber vermutlich nur eine Herrschaft Gottes hinnehmen wollte. Alle diese Abenteurer wurden schließlich von den Römern gefasst und hingerichtet.[11] Und die Herrschaft über Palästina wurde unter den Söhnen des Herodes aufgeteilt. Rom hatte wieder die Oberhand gewonnen, was aber blieb, war der Hass der Juden gegen ihre Besatzer und die Sehnsucht nach einem Messias, nach einem Befreier.

Noch zu Lebzeiten Herodes' des Großen, um das Jahr 7 v. Chr., sollen Astrologen aus dem Orient nach Jerusalem gekommen sein. Sie waren einem Stern gefolgt, den sie noch nie am Himmel gesehen hatten und den sie als Zeichen für die Geburt eines Königs deuteten. Ahnungslos fragten sie in Jerusalem, wo denn der neugeborene König zu finden sei. Als Herodes davon hörte, erschrak er gewaltig. Ein König, der ihm seine Herrschaft streitig machte, das war der Albtraum seines Lebens. Erst vor Kurzem hatte er alle Schriftgelehrten umbringen lassen, die die Ankunft eines Messias geweissagt hatten. Er fragte nun die Priester, ob denn in den heiligen Schriften ein Hinweis darauf zu finden sei, wo ein Messias geboren werde, und man wies ihn auf eine Stelle hin, wo es heißt:

Du, Betlehem im Gebiet von Juda,
bist keineswegs die unbedeutendste
unter den führenden Städten von Juda;
denn aus dir wird ein Fürst hervorgehen,
der Hirt meines Volkes Israel.[12]

Herodes ließ die Sterndeuter zu sich kommen und erzählte ihnen von der Prophezeiung. Er bat die weisen Männer, nach Betlehem zu gehen und nach dem Kind zu suchen. Wenn sie es gefunden hätten, sollten sie zu ihm zurückkehren und ihm davon berichten. Denn auch er wolle zu dem Kind gehen und ihm huldigen.

Die Astrologen machten sich auf den Weg und fanden tatsächlich in Betlehem das neugeborene Kind. Im Traum wurde ihnen befohlen, nicht nach Jerusalem zurückzukehren, und so reisten sie auf einem anderen Weg in ihr Land zurück. Als Herodes merkte, dass die Sterndeuter ihr Versprechen nicht hielten und ihm entwischt waren, wurde er furchtbar wütend. Und er befahl, in Betlehem und Umgebung alle männlichen Kinder bis zu zwei Jahren zu töten. Und so geschah es.

Das Kind aber, nach dem er suchte, entkam. Seinen Eltern war im Traum ein Engel erschienen, der ihnen auftrug, nach Ägypten zu fliehen. Dort blieben sie so lange, bis die Nachricht von Herodes' Tod sie erreichte. Daraufhin kehrten sie nach Israel zurück. In Judäa regierte inzwischen ein Sohn des Herodes namens Archelaus, der nicht minder machtversessen und grausam war als sein Vater. Die Eltern des Kindes wollten sich dieser Gefahr nicht aussetzen und zogen nach Galiläa, in den Ort Nazaret, wo sie ein neues Leben anfingen.

So erzählt es ein gewisser Matthäus in seinem Evangelium (Mt 2,1-23). Die meisten Theologen halten diese Geschichte für eine Legende, also für mehr oder weniger erfunden. Es werden darin jedoch Personen und Orte genannt, die es wirklich gab. Und wenn man den Charakter des Herodes und seine Taten bedenkt, dann passen dazu seine Angst vor einem Messias und der Kindermord von Betlehem.

Was hatte es aber mit diesem geheimnisvollen Kind auf sich? Verbanden die Menschen damit die Hoffnung auf einen neuen Propheten? Oder auf einen charismatischen Führer, der das jüdische Volk von den gottlosen Besatzern befreit? Oder erwarteten sie einen von diesen selbst ernannten Königen wie den Sklaven Simon oder den Schafhirten Athronges? Oder sehnte man sich nach einem mächtigen Herrscher vom Schlage eines Augustus, nach einem göttlichen Menschen, der mit starker Hand Frieden schafft, das Leben erleichtert und so die Herzen der Menschen gewinnt?

In der Vorstellung von einem Kind als Retter bündelten sich die Hoffnungen der Menschen. Irgendwo in Palästina wurde eines Tages tatsächlich ein Kind geboren, das einmal als Messias verehrt werden würde. Aber sah man diesem Kind schon seine einstige Berufung an? Zeigte sich schon früh seine Besonderheit?

2.

Der goldene Sarg und die hölzerne Krippe

Der Wiener Philosoph Gerhard Schwarz berichtet über einen nicht ganz ernst gemeinten Leserbrief an die Redaktion einer Zeitschrift. »Ihr Blatt berichtet sehr einseitig«, beschwert sich da ein Leser, »Sie schreiben immer nur, wenn ein berühmter Mann gestorben ist. Ich möchte auch darüber informiert werden, wenn ein berühmter Mann geboren wird.«[13]

Vor einer ähnlichen Forderung standen auch die Evangelisten, als sie die Geschichte des Jesus von Nazaret aufschrieben. Sie sollten auch über seine Geburt berichten. Aber als Jesus zur Welt kam, konnte niemand wissen, dass dieses Kind armer Eltern einmal die Weltgeschichte verändern würde. Andererseits konnte und durfte die Geburt eines Gottessohnes doch kein normales Ereignis sein. Es muss sich schon am Anfang seine Einmaligkeit zeigen. Aber wie zeigt sich diese Besonderheit und wie kann man sie beschreiben?

Christen und auch Nichtchristen feiern jedes Jahr am 25. Dezember das Fest der Geburt Christi: Weihnachten. Schon am Tag zuvor, an Heiligabend, und am folgenden Feiertag wird in den Kirchen die Weihnachtsgeschichte aus dem Lukasevangelium vorgelesen. Lukas war ein gebildeter Mann, vermutlich ein Arzt aus der syrischen Stadt Antiochia. Er lebte eine Generation nach Jesus von Nazaret. Zu dessen Jüngern hat er nicht gehört und er hat Jesus auch nicht persönlich kennengelernt. Als er sich dazu entschloss, die Geschichte des Mannes aus Nazaret zu erzählen, musste er sich also auf die Berichte anderer stützen. Im Vorwort betont er ausdrücklich, dass er alles »sorgfältig« und »von Grund auf« geprüft habe. (Lk 1,1-4) Lukas will von vorneherein deutlich machen, dass er nicht irgendwelche erfundenen Geschichten erzählt. Er will wie ein seriöser Historiker ernst genommen werden.

Auch die Geburt Jesu verbindet er mit weltgeschichtlichen Ereignissen, um sie glaubhaft zu machen. Kaiser in Rom ist Augustus. Statthalter in Syrien ist ein gewisser Quirinius. Zum ersten Mal findet im ganzen Reich eine Steuererhebung statt, ein sogenannter Zensus. Um sich in die Steuerlisten eintragen zu lassen, müssen sich alle Bewohner zu dem Ort begeben, aus dem sie stammen. Das gilt auch für den Zimmermann Josef aus dem kleinen Dorf Nazaret in Galiläa. Er stammt aus Betlehem. Das ist ein Ort nahe Jerusalem, in dem auch der einstige König

David geboren wurde. Josef, so wird behauptet, ist auch ein weitläufiger Nachkomme des Königs David. Für Josef kommt der Befehl des römischen Kaisers denkbar ungünstig. Seine Frau Maria ist hochschwanger. Aber es bleibt ihm nichts anderes übrig, als mit Maria die beschwerliche, viertägige Reise nach Betlehem anzutreten.

In seiner Heimatstadt herrscht ein hektisches Durcheinander. Betlehem ist zu normalen Zeiten ein verschlafenes Nest mit höchstens tausend Einwohnern. Jetzt platzt es aus allen Nähten. Von überall her strömen Leute in den Ort, um sich registrieren zu lassen. Als Josef und Maria ankommen, sind in den Herbergen schon alle Plätze belegt. Sie müssen mit einer Notunterkunft vorliebnehmen. Wie diese ausgesehen hat, erfahren wir nicht von Lukas. Nur dass eine Krippe darin stand, erwähnt er. Es kann eine Grotte gewesen sein, ein Stall oder ein einfaches Bauernhaus. Betlehem lag an einem Abhang, wo viele Menschen in Wohnhöhlen lebten und sich den Platz mit Tieren teilten. Gut vorstellbar, dass Maria und Josef in einer solchen Höhle Aufnahme fanden. Von Tieren ist bei Lukas freilich nicht die Rede, auch nicht von Ochs und Esel, die heute in keiner weihnachtlichen Krippe fehlen dürfen.

Schon im frühen Christentum wurde in Betlehem eine Höhle als der Ort verehrt, wo Maria ihr Kind zur Welt gebracht haben soll. Anfang des vierten Jahrhunderts ließ Kaiser Konstantin hier eine Kirche erbauen.

Heute windet sich in der sogenannten Geburtskirche eine schmale Treppe hinab in eine Grotte. An einer mit reich bestickten Stoffen und kostbaren Lampen behängten Stelle ist ein silberner Stern mit vierzehn Zacken in den Boden eingelassen. Darauf steht in lateinischer Sprache, dass hier Jesus von der Jungfrau Maria geboren wurde.

In Lukas' Bericht bleibt die junge Familie nicht lange allein. Es kommen Hirten, die ganz unglaubliche Dinge erzählen. Dass ihnen auf dem Feld ein Engel erschienen sei und ihnen gesagt habe, dass sie sich nicht fürchten sollten und dass heute in Betlehem, der Stadt Davids, der »Retter«, der »Messias« geboren worden sei. Sie hatten sich dann gleich auf den Weg gemacht, um das Kind zu sehen. Aufgeregt erzählen sie nun Josef und Maria, was passiert war und was der Engel gesagt hat. Die jungen Eltern kommen aus dem Staunen nicht heraus. Ihr Sohn ein »Messias«, ein »Retter«?

Über fünfhundert Jahre nach diesem Ereignis saß der Mönch Dionysius Exiguus an seinem Schreibtisch und sollte im Auftrag des Papstes die Listen für das alljährlich wechselnde Osterfest neu ordnen. Dionysius ärgerte sich darüber, dass zu seiner Zeit die Jahre immer noch nach dem Regierungsantritt des Kaisers Diokletian gezählt wurden, den er für einen Tyrannen und brutalen Christenverfolger hielt. Dionysius hatte nun eine umwerfende Idee. Er wollte eine neue Zeitrechnung einführen, die mit der Geburt Christi begann. Diese Idee setzte sich tatsächlich durch, und seither sind wir gewohnt, die Zeit in die Jahre vor und nach Christi Geburt einzuteilen.

Allerdings hat sich Dionysius um ein paar Jahre verrechnet. Jesus wurde ziemlich sicher – und der Evangelist Matthäus bestätigt das – noch zu Lebzeiten Herodes des Großen geboren, und der starb im Frühjahr des Jahres 4 v. Chr. Also muss Jesus etwa um das Jahr 6 v. Chr. geboren worden sein.

Und wie steht es mit seinem Geburtsort? War es Betlehem oder vielleicht doch Nazaret?

Dass Jesus in Betlehem geboren wurde, begründet Lukas mit der Volkszählung unter dem syrischen Statthalter Quirinius. Diesen Publius Sulpicius Quirinius hat es wirklich gegeben, aber er war erst ab 6 n. Chr. syrischer Statthalter, und aus anderen Quellen weiß man auch, dass er zu dieser Zeit in Judäa eine Steuererhebung durchführte. Es gibt allerdings auch Hinweise darauf, dass es in Palästina schon früher solche Erhebungen gab und Quirinius daran beteiligt war. Es ist also zwar unwahrscheinlich, aber auch nicht ausgeschlossen, dass die Angaben des Lukas auch historisch zutreffen.[14]

Viele Fachleute glauben jedoch, dass Lukas aus theologischen Gründen den Geburtsort Jesu sozusagen nach Betlehem verlegt hat. Lukas sieht Jesus in der Rückschau. Für ihn steht fest, dass er der Messias war. Und der Messias kann nach seiner Vorstellung nicht in einem x-beliebigen Bauerndorf in Galiläa geboren werden. Mit Betlehem ist es dagegen etwas anderes. Hat doch der Prophet Micha geweissagt, dass aus diesem Ort ein König hervorgehen wird. (Mi 5,1) Außerdem kam auch der König David aus Betlehem. Lukas wollte also Jesus in Betlehem zur Welt kommen lassen, um ihn als erwarteten Retter auszuweisen und um ihn mit David in Verbindung zu bringen. Jesus sozusagen als »Sohn Davids«.

Das Bemühen des Lukas, Jesus gleich bei seiner Geburt eine herausragende Bedeutung zu geben, widerspricht eigentlich dem Bild, das die Evangelien insgesamt von Jesus zeichnen. Denn darin tritt er immer als jemand auf, der gerade nicht bedeutend und großartig sein will. Nie nennt er sich Messias. Nie beansprucht er irgendeinen Titel außer »Menschensohn«. Selbst wenn er ein Nachkomme von König David gewesen sein sollte, so hat er sich nichts daraus gemacht. Solche Auszeichnungen waren ihm einfach nicht wichtig.

Wie steht es aber nun mit der Weihnachtsgeschichte? Mit dem Stall, der Krippe, den Hirten und dem Engel? Ist das alles »realistisch«? Lukas würde diese Frage wahrscheinlich nicht verstehen. Für ihn ist es »realistisch«, wenn er Tatsachen und Ereignisse der damaligen Zeit nennt. »Realistisch« ist es für ihn aber auch, wenn er poetische Bilder findet, um das Besondere zu verdeutlichen, das mit Jesus in die Welt kam. Und dieses Besondere tritt bei Lukas und bei Matthäus gerade im Kontrast zu dessen Gegenteil deutlich hervor.

Auf der einen Seite sind der Kaiser und der König, Augustus und Herodes der Große. Auf der anderen Seite ein Kind, das abseits der Weltgeschichte in einer schmutzigen Höhle geboren wird. Hier der als Gott verehrte Kaiser, der mit einer gewaltigen Militärmaschinerie der Welt den Frieden bringen will, der Barbaren zu Kulturvölkern erziehen und die Herzen der Menschen gewinnen will. Dort ein Kind, das völlig schutzlos und auf die Hilfe anderer angewiesen ist. Hier der große König Herodes, der in Pomp und Luxus lebt, aber innerlich vor Angst um seine Macht schier zerfressen wird, der die Liebe seiner Landsleute mit Prachtbauten und Gewalt erzwingen will und vor keiner Grausamkeit zurückschreckt. Dort das Kind, das notdürftig in eine Krippe gelegt wird, das machtlos ist und niemand unterwerfen und erziehen will. Bei dessen Geburt nicht hohe Würdenträger und Staatsmänner anwesend sind, sondern einfache Hirten.

Es ist, als ob Matthäus und Lukas dem Leser eine Frage vorlegen wollen und der sich entscheiden soll: Wer ist nun der wahre Gottessohn? Der göttliche Kaiser in Rom oder das Kind in der Krippe? Wer bringt den wahren Frieden? Der Mann der Macht oder das Kind der Ohnmacht? Wer kann die Herzen der Menschen gewinnen? Der König, der mit der einen Hand Wohltaten verteilt und mit der anderen unterdrückt und tötet? Oder das göttliche Kind, das für eine Liebe steht, die, so wird es der Apostel Paulus einmal sagen, langmütig und gütig ist, die sich nicht ereifert, sich nicht aufbläht, nicht ihren Vorteil sucht, die sich nicht über das Unrecht freut, die alles erträgt, alles glaubt, alles hofft und allem standhält? (1 Kor, 13)

Noch ein weiterer Kontrast wird in den Geburtsgeschichten der Bibel nahegelegt, ein Kontrast, der eine historische Grundlage hat. Die Geburt des Jesuskindes fällt zusammen mit dem Ende des Herodes des Großen. Mit dem Kind in der Krippe kommt etwas Neues in die Welt. Dieses Neue stellt die alten Mächte und Maßstäbe infrage. Der alte König will den neuen König beseitigen, wie er alle Rivalen beseitigt hat. Aber es gelingt ihm nicht. Das Kind lebt weiter. Mit dem alten König geht es zu Ende.

Herodes war neunundsechzig Jahre alt und ein todkranker Mann. Doch er klammerte sich an die Macht und an das Leben. Er färbte sich die Haare und unterzog sich Kuren. Alles half nichts. Manchmal spürte er seine früheren Kräfte wieder und schlug dann wie ein sterbendes Tier um sich. Er änderte sein Testament und ließ seinen ältesten Sohn Antipater, den er als Verräter ins Gefängnis hatte werfen lassen, hinrichten. Weiterhin duldete er nicht den geringsten Widerstand gegen seine romfreundliche Politik, obwohl er damit seine Landsleute bis aufs Blut provozierte.

An der Ostseite des Tempels hatte Herodes als Weihegeschenk einen vergoldeten Adler anbringen lassen, was für strenggläubige Juden eine Gotteslästerung war. Als nun das Gerücht umging, dass Herodes im Sterben liege, forderten zwei beim Volk sehr beliebte Schriftgelehrte ihre jugendlichen Anhänger auf, die Ehre Gottes wiederherzustellen und den goldenen Adler zu zerstören. Unter dem Beifall der Menge ließen sich die jungen Männer mit Seilen vom Tempeldach herab und zerschlugen mit Äxten das Bildwerk. Herodes war aber noch nicht tot und seine Strafe war fürchterlich. Die beiden Schriftgelehrten und die jungen Leute, die den goldenen Adler zerstört hatten, wurden bei lebendigem Leib verbrannt. Die anderen Mithelfer übergab Herodes dem Henker.[15]

Wenige Wochen nach dieser neuerlichen Bluttat starb Herodes. Sein Begräbnis wurde mit großem Pomp begangen. Der tote König lag auf einem Bett aus Gold, das ganz mit Edelsteinen besetzt war. Auf seinem Kopf trug er seine goldene Krone. Der Leichnam wurde von Herodes' Söhnen, von Soldaten in voller Kriegsrüstung und einem Heer von Sklaven und Freigelassenen begleitet. Der prunkvoll aufgebahrte König wurde in feierlicher Prozession zum märchenhaften Palast des Herodes, dem Herodion, nahe Jericho überführt.

Das Herodion war eine palastartige Festung, die Herodes mitten in der Wüste auf einem Hügel hatte errichten lassen. Auf diesem Hügel stand eine mit Mauern und runden Türmen gesicherte Burg. Innerhalb der Mauern befanden sich riesige Speisesäle, kostbar ausgestattete Gemächer, Empfangsräume, Bäder und Gärten. Sowohl die Mauern, Dächer, Zinnen und Türme als auch der ganze Innenbereich waren, so schildert es Flavius Josephus, »mit verschwenderischem Reichtum überschüttet«.[16] Zu der Residenz, die mitten in der Wüste lag, gehörte auch eine kleine Stadt unterhalb des Hügels, die mit allem erdenklichen Luxus ausgestattet war, einem siebzig Meter langen Schwimmbad, einer Rennbahn und Gärten mit üppiger Vegetation und künstlichen Seen.[17]

Der Leichenzug bewegte sich auf einer langen Promenade zu einer monumentalen, schneeweißen Marmortreppe, dem Aufgang zum Herodion. Dann zweigte er links ab zum Mausoleum, wo der tote König bestattet wurde. Erst 2006 wurde bei Ausgrabungen der Sarkophag des Herodes entdeckt. Die Archäologen mussten feststellen, dass das prächtige Grabmal schon früh zerstört worden war. Nicht Grabräuber waren am Werk gewesen, sondern Juden hatten mit Hämmern alles in Stücke geschlagen. Sie hatten ihre Wut über den König an seinem Grab ausgelassen.

Vom Herodion aus konnte man das nahe gelegene Betlehem sehen. Nur etwa sechs Kilometer sind die beiden Orte voneinander entfernt. Innerhalb einer relativ kurzen Zeitspanne von zwei Jahren haben hier auf engstem Raum Ereignisse stattgefunden, die gegensätzlicher kaum sein könnten. Im Herodion, dem märchenhaften Luxus-Palast, wurde mit großem Prunk und Aufwand der König der Juden, Herodes, zu Grabe getragen. Und quasi nebenan wurde unter erbärmlichen Umständen in einer Höhle oder einem Stall ein Kind geboren.

Die Paläste, Städte und Bauwerke des Herodes sind später zerstört worden oder mit der Zeit verfallen. Auch der berühmte Tempel von Jerusalem wurde zerstört. Herodes wurde zu einer Randfigur in der biblischen Geburtsgeschichte. Mit seinem Namen verbinden die meisten Menschen nur noch den Kindermord von Betlehem. Mit der Geburt des Kindes im Stall begann eine neue, andere Geschichte. Dieses Kind sollte die Welt verändern.

Lukas erzählt, dass die Eltern nach acht Tagen mit ihrem Kind nach Jerusalem gingen, um es dort, wie es das Gesetz vorschreibt, beschneiden zu lassen. Sie brachten im Tempel auch ein Opfer dar. Weil sie arme Leute waren, konnten sie sich nicht mehr leisten als zwei Tauben. Im Tempel haben Maria und Josef wieder allen Grund, darüber zu staunen, was ihr Kind bei manchen Menschen auslöst. Ein Mann namens Simeon, ein Greis, behauptet, dass er so lange nicht sterben könne, bis er den Messias gesehen habe. Er nimmt den kleinen Jesus in die Arme und preist Gott, denn nun, so verkündet er, habe er »das Heil« gesehen und könne in Frieden sterben. (Lk 2,25-40)

Auch eine gewisse Hannah, die auch schon über achtzig Jahre alt ist und jeden Tag im Tempel verbringt, wird beim Anblick von Jesus zu prophetischen Reden hingerissen. Jedem, der es hören will, erzählt sie, dass dieses Kind Jerusalem erlösen wird.

Josef und Maria staunten, so betont es Lukas mehrmals. Aber über diese seltsamen Begegnungen konnten sie sich nicht lange den Kopf zerbrechen. Wie gesagt, Maria und Josef waren einfache Leute und sie mussten zurück in ihr Dorf. In Lukas' Bericht kommen keine Sterndeuter aus dem Osten vor und Maria und Josef müssen mit ihrem Kind auch nicht nach Ägypten fliehen. Als sie in Jerusalem alle Rituale und Pflichten erfüllt hatten, packten sie ihre wenigen Sachen auf den Esel und machten sich auf die Heimreise, nach Galiläa, in ihr Heimatdorf Nazaret.

Jesus entschwindet nun unseren Blicken. Aus den Evangelien erfahren wir nichts über seine Kindheit. Er taucht dort erst wieder auf, als er zwölf Jahre alt ist und mit seinen Eltern nach Jerusalem reist. Die ersten Christen und die Evangelisten haben sicher versucht, einiges über Jesus' Zeit in Nazaret herauszubekommen. Gefunden haben sie sehr wenig. Vielleicht weil es nichts zu berichten gab. Anscheinend wuchs Jesus wie ein ganz normaler Junge in seinem Heimatdorf auf, und niemand kam auf die Idee, dass an ihm etwas Besonderes wäre.

Wie sein Leben bis zu seiner Volljährigkeit verlaufen ist, darüber lässt sich dennoch einiges sagen. Wenn heutzutage ein Kind in Kalkutta, New York oder in einem Dorf in Niederbayern aufwächst, dann sind die Voraussetzungen seines Lebens sehr verschieden und man kann einiges über die Einflüsse sagen, die es prägen. Das gilt auch für Jesus. Er lebte als Jude in einem jüdischen Dorf zu einer religiös aufgeheizten und politisch sehr angespannten Zeit. Aus den zeitgenössischen Quellen lässt sich erschließen, wie es gewesen sein muss, damals in einem Dorf in Galiläa heranzuwachsen.

Wie dieses Leben im Einzelnen ausgesehen hat, das darf hie und da ruhig etwas ausgemalt, aber niemals nur ausgedacht sein. Also folgen wir Jesus nach Nazaret …

3.

Engel und Soldaten in Nazaret

Nazaret, das auf Hebräisch Nazerat und im Arabischen El-Nasra heißt, gehört heute zum festen Besuchsprogramm eines jeden Israel-Touristen. Hunderttausende kommen jedes Jahr in die Stadt, um die heiligen Stätten zu besichtigen, und sorgen dafür, dass das Verkehrschaos in dieser Stadt noch größer wird. Rund 70 000 Einwohner hat das moderne Nazaret. Der weitaus größte Teil der Bevölkerung ist moslemisch. Die Christen sind in der Minderheit, aber sehr präsent. Die Altstadt wird überragt von der riesigen Kuppel der katholischen Verkündigungskirche, die geformt ist wie der umgedrehte Kelch einer Lilie, das Symbol für die Reinheit der Gottesmutter Maria.

Die Basilika ist ein moderner Bau und wurde erst in den Sechzigerjahren des letzten Jahrhunderts errichtet, an einer Stelle, wo schon seit dem zweiten Jahrhundert Kirchen standen. Eine Grotte im Untergeschoss der Kirche gilt nach der Überlieferung als der Ort, wo sich die Geschichte ereignet hat, die in den Evangelien von Matthäus und Lukas erzählt wird. Maria, die mit Josef verlobt, aber noch Jungfrau war, erschien ein Engel, der ihr verkündete, dass sie ein Kind bekommen werde, das sie Jesus nennen soll. Josef, der sich hintergangen fühlte, wollte sich zuerst in aller Stille von Maria trennen. Doch dann erschien auch ihm ein Engel und weihte ihn in die göttlichen Pläne ein. Daraufhin legte Josef sein Misstrauen ab und behielt Maria bei sich. (Mt 1,18-25, Lk 1,26-38)

Im Verkehrslärm des heutigen Nazaret, umgeben von unentwegt hupenden Autos, fällt es schwer, an einen Engel zu denken, der vom Himmel herabsteigt, um einer einfachen Frau zu sagen, dass sie auserwählt sei, die Mutter des Gottessohnes zu werden. Am 4. Mai 2009 war es ein Helikopter, der am Himmel über Nazaret kreiste und dann am Stadtrand landete. Ihm entstieg der Nachfolger von Papst Johannes Paul II., Papst Benedikt XVI. Im Papamobil fuhr er durch die jubelnde Menge zu einer gigantischen überdachten Bühne, wo er eine Messe hielt. Die Bühne mit dem Altar war aufgebaut am Fuß eines Berges, von dem man glaubt, dass er auch im Neuen Testament erwähnt wird. Lukas berichtet dort nämlich, dass der erwachsene Jesus in seinem Heimatort ganz und gar nicht umjubelt und verehrt war. Zu einer Zeit, als er bereits als Wanderprediger umherzog und an verschiedenen Orten Wunder gewirkt hatte, kam er wieder nach

Nazaret. Die Leute, die ihn seit frühester Kindheit kannten, hielten ihn nun für einen verrückten Spinner und trieben ihn zu einem Abhang, wo sie ihn hinunterwerfen wollten. Nur mit knapper Not konnte er entkommen. (Lk 4,16-30)

Zweitausend Jahre später stand der Papst, der Stellvertreter Christi auf Erden, an diesem Abhang, wo sich jene Geschichte zugetragen haben soll. Viel hatte sich verändert seit den Tagen, als Jesus aus seinem eigenen Dorf verjagt worden war. Nun war Jesus kein Ärgernis mehr. Er galt nicht mehr als größenwahnsinniger Träumer, sondern als Sohn Gottes, als Heiland, und zur Erinnerung an das geheimnisvolle Geschehen vor seiner Geburt waren Kirchen gebaut worden.

Es gibt allerdings in Nazaret einen Konkurrenzkampf darüber, wo Maria der Engel erschienen ist. Geht man von der katholischen Verkündigungskirche durch den Basar der Altstadt, so kommt man zu der orthodoxen St. Gabrielskirche. Die griechischen Mönche dort erzählen den Pilgern, dass die erste Begegnung Marias mit dem Engel bei einer Quelle nahe ihrer Kirche stattgefunden habe, und sie verweisen auf eine Schrift aus dem zweiten Jahrhundert, auf das sogenannte Protoevangelium des Jakobus. Der Verfasser schildert darin, wie Maria mit einem Krug zur Quelle ging, um Wasser zu schöpfen, und plötzlich eine Stimme hörte. Verwirrt schaute sie nach links und rechts, konnte aber nicht sehen, woher die Stimme kam. Erst als sie wieder zu Hause war, stand der Engel vor ihr und sagte, dass sie ein Kind bekommen werde und sie solle es Jesus nennen.[18]

Wie gesagt, diese Schrift ist erst mindestens hundertfünfzig Jahre nach Jesus' Geburt entstanden, und sie wurde damals verfasst, um die Angriffe von Ungläubigen abzuwehren, die teilweise mit Hohn und Spott reagierten auf die Geschichte von der Jungfrau, die ein Kind vom Heiligen Geist bekommt. Von jüdischer Seite wurde sogar das Gerücht in die Welt gesetzt, dass Jesus in Wirklichkeit das uneheliche Kind eines römischen Soldaten namens Panthera gewesen sei. Maria, eine einfache Frau, die ihren Verlobten Josef mit einem römischen Soldaten betrog? Und Jesus, ein Hochstapler, der die Geschichte von seiner göttlichen Herkunft erfunden hat, um die peinlichen Umstände seiner Geburt zu vertuschen?

Solche gotteslästerlichen Geschichten wollten die Christen natürlich nicht hinnehmen, und so machte jener Jakobus im Gegenzug Maria zur Tochter aus reichem Hause, die von ihren Eltern in den Tempel gegeben wird, dort aufwächst und lebenslange Enthaltsamkeit gelobt. Später wird in dieser Geschichte Maria dem Handwerker Josef anvertraut, der Witwer ist und schon Kinder hat. Ohne sein Zutun und gegen das ausdrückliche Verbot der Tempelpriester wird Maria schwanger. Der angeklagte Josef beteuert seine Unschuld. Schließlich unterzieht der oberste Priester die beiden einer Probe, die den Beweis erbringt, dass Josef unschuldig ist und Marias Jungfräulichkeit unverletzt geblieben ist.

Schon in den Anfängen des Christentums traf die Lehre von der Jungfrauengeburt, die nur an zwei Stellen des Neuen Testaments erwähnt wird,[19] auf Unverständnis oder sogar empörte Ablehnung. Dass sich diese Vorstellung heute, im aufgeklärten einundzwanzigsten Jahrhundert, noch fremder ausnimmt als damals, ist verständlich. Welchem halbwegs vernünftigen Menschen kann man zumuten zu glauben, dass sich vor zweitausend Jahren eine »biologische Sensation« ereignet hat und eine Frau ohne sexuellen Kontakt mit einem Mann ein Kind zur Welt brachte.

Kritische Theologen haben versucht, diese Geschichte auch für den modernen Menschen nachvollziehbar zu machen. Sie wiesen darauf hin, dass es schon im alten Ägypten und Griechenland mythische Geschichten gab von einer Jungfrau, die von einem Gott auserwählt wurde und ein Kind gebar, das zum Retter der Welt wurde. Die Jungfrauengeburt also nur eine abgewandelte Version eines alten Mythos von der Verbindung eines Gottes mit einem Menschen? Eine Geschichte, hinter der sich der ewige Wunsch der Menschen nach einem göttlichen Erlöser verbirgt?

Für den jungen Theologen Joseph Ratzinger, der noch nicht Papst war, beruhte die Abneigung moderner Menschen gegen die Jungfrauengeburt auf einem »gründlichen Missverständnis«[20]. Dieses Missverständnis konnte nur entstehen, weil man dieses Ereignis biologisch auffasste. Dass Jesus Gottes Sohn ist, wurde dann so verstanden, als ob Gott Josef von Marias Seite verdrängt und dann mithilfe des Heiligen Geistes seinen Sohn Jesus zeugt. Solche Vorstellungen existieren bis heute, und manche ihrer Anhänger gehen so weit, sich auf wissenschaftliche Tierversuche zu berufen, die beweisen sollen, dass sich eine weibliche Keimzelle auch ohne männliche Befruchtung entwickeln kann.[21]

Für Ratzinger ist das barer Unsinn. Dass Jesus Gottes Sohn ist, habe nichts mit Biologie und Fortpflanzung zu tun. Vielmehr sei Jesus schon immer der Gottessohn, sozusagen von Anfang an, nicht erst durch seine Geburt. Daran würde sich auch nichts ändern, wenn Josef und Maria die leiblichen Eltern von Jesus wären. Seine Beziehung zu Gott wird dadurch nicht berührt. Was sich durch diese Geburt ereignet, ist etwas anderes: Gott wird Mensch, oder anders gesagt, er wendet sich den Menschen zu, und dadurch wird umgekehrt deutlich gemacht, dass jeder Mensch eine besondere Würde hat. Eine Würde, die wir gemeinhin meinen, wenn wir davon sprechen, dass der Mensch Gottes Ebenbild ist.

Und das bedeutet, dass er nach christlicher Auffassung immer mehr ist als alle Definitionen, die ihn endgültig zu erklären versuchen: Er ist mehr als das bloße Kind seiner Eltern. Er ist mehr als das Produkt seiner Gene. Er ist mehr als das Ergebnis seiner Erziehung und der Prägung durch die Gesellschaft. Er ist mehr als die Summe seiner unbewussten Triebe, Wünsche und Komplexe.

Was nach christlicher Überzeugung für jeden einzelnen Menschen zutrifft, dass er nämlich nach »oben« hin offen ist, dass der Grund seines Seins und der Sinn seines Lebens jenseits der Welt liegen und er damit auch nicht mit Maßstäben der Welt begreifbar ist – das gilt besonders für Jesus. Er ist der »wahre Mensch«. Er hat so gelebt, wie jeder Mensch leben sollte und könnte.

Wenn also Jesus immer Gottes Sohn ist, auch wenn Josef sein leiblicher Vater wäre – warum braucht es dann eine Jungferngeburt? Oder beruht der Glaube daran nur auf einem Fehler, da in der griechischen Übersetzung der hebräischen Bibel der Ausdruck »junge Frau« mit »Jungfrau« wiedergegeben wurde?

Der Theologe Joseph Ratzinger hielt an der Jungfrauengeburt fest. Für ihn ist dieses Ereignis allerdings Ausdruck dafür, dass Gottes Menschwerdung etwas ist, das die Gesetze der menschlichen Geschichte sprengt und das nicht durch menschliches Handeln herbeigeführt werden kann. Dass Jesus von einer Jungfrau geboren wird, bedeutet dann, dass der Mensch alles, was für sein Leben wichtig und entscheidend ist, nur empfangen kann. Die Haltung, die er dazu einnehmen muss, ist die, welche Maria zugeschrieben wird. Eine Haltung der Demut und Dankbarkeit. »Das Heil der Welt«, so schreibt Ratzinger,

»kommt nicht vom Menschen und von dessen eigener Macht; der Mensch muss es sich schenken lassen und nur als reines Geschenk kann er es empfangen.«[22]

In der Gabrielskirche führt eine steile Treppe hinab zu einer Krypta, wo in einem Steinbecken das Wasser einer Quelle gesammelt wird, die Marienquelle genannt wird. Besucher füllen sich ihre Flaschen mit dem Wasser und zünden Kerzen an. Außerhalb der Kirche, nur wenige Meter von ihr entfernt, steht ein neuer Marienbrunnen. Bei Bauarbeiten stieß man auf den Ursprung der Quelle in einer zehn Meter unter dem Boden gelegenen Höhle, von der aus ein Aquädukt das Wasser an die Oberfläche leitete.

An diesem Ort befand sich wahrscheinlich zu Jesus' Zeiten die Schöpfstelle. Der Brunnen war der Mittelpunkt des Dorfes, und man kann sich gut vorstellen, wie hier die Kinder spielten und wie die Frauen mit ihren Krügen, die sie auf dem Kopf trugen, hierherkamen, um Wasser zu holen und Neuigkeiten auszutauschen. Auch Maria muss das Wasser für ihren Haushalt aus diesem Brunnen geschöpft haben.

Im Nazaret des einundzwanzigsten Jahrhunderts können Touristen eine Zeitreise machen und sich zurückversetzen in das Nazaret vor zweitausend Jahren. Am Hang vor dem Krankenhaus liegt »Nazaret Village«[23], ein Freilichtmuseum, das unter der wissenschaftlichen Anleitung von Historikern und Archäologen errichtet worden ist. Häuser, Felder, Ställe und die Werkstätten von Handwerkern eines typischen jüdischen Dorfes aus dem ersten Jahrhundert sind hier nachgebaut. Einheimische Statisten, gekleidet wie die Landbewohner dieser Zeit, demonstrieren, wie sich das Leben damals abgespielt hat. Männer hüten Schafe, schneiden Getreide mit Sicheln, schütteln Oliven mit langen Stangen von den Bäumen, beackern mit einem Esel und Holzpflug ein Feld oder arbeiten als Zimmermann mit Hobel und Stemmeisen in einer Werkstatt. Frauen backen Brotfladen, weben Wolle zu Stoffen und mahlen Getreide mit einem Mühlstein. Und wenn man Glück hat, kann man auch Josef und Maria sehen, wie sie mit einem kleinen Jesus-Baby und einem Esel durch das Dorf ziehen.

»Nazaret Village« ist sicher kein christliches Disneyland, dazu hat man sich zu genau an historisches Wissen und die Ergebnisse der Ausgrabungen gehalten. Doch lässt es sich wohl nicht vermeiden, dass die ganze Szenerie etwas Idyllisches und Theaterhaftes an sich hat. Schwer kann man sich vorstellen, wie entbehrungsreich, mühselig und primitiv das Leben damals gewesen sein muss. In späteren Jahrhunderten berichteten Pilger darüber, wie schmal und uneben die ungepflasterten Gassen in Nazaret waren, wie dreckig der Ort in der Regenzeit war und wie staubig im Sommer.

Nazaret war ein kleines Nest mit kaum zweihundert

Einwohnern am südlichen Rand von Galiläa. Nirgendwo im Alten Testament oder bei den antiken Historikern wird der Ort erwähnt. Nicht einmal bei Flavius Josephus, der sich in Galiläa gut auskannte und viele Orte beschrieb. Darum hat man lange angenommen, dass es diese Ansiedlung zu Zeiten Jesu überhaupt nicht gegeben hat. Erst neuere Ausgrabungen haben das Gegenteil bewiesen.

Nazaret war einfach zu unbedeutend. Es lag abseits der großen Straßen und Städte. Für die Leute in den Zentren des Landes waren die Menschen aus Dörfern wie Nazaret nur die »am-ha-aretz«, die gewöhnlichen Leute vom Lande. Hinzu kam, dass man in diesem Teil Galiläas einen starken Akzent sprach, der überall gleich auffiel und über den man sich schnell lustig machte. Wer im ländlichen Galiläa lebte, der war eben ein Hinterwäldler. Und wer aus Nazaret kam, der galt den Stadtbewohnern nur als schlichter Bauerntölpel. »Aus Nazaret zu kommen«, so meinte der französische Historiker Robert Aron, »heißt bei ihnen so viel wie aus Hintertupfing stammen.«[24]

Ausgrabungen in neuerer Zeit haben belegt, dass Nazaret ein schlichtes Bauerndorf war, ohne jeden Luxus oder Komfort. Die Archäologen stießen weder auf Steinfußböden noch auf Dachziegel und schon gar nicht auf Mosaike oder Fresken. Viele Wohnungen waren in den Felsen gehauene Höhlen, die man mit großen Steinen verschloss. Im Sommer war es hier angenehm kühl und im feuchtkalten Winter trocken. Im hinteren Teil dieser Grotten wurden Schafe, Ziegen, Esel und Hühner gehalten. Im vorderen Teil befand sich die Kochstelle, damit der Rauch durch die schmale Tür abziehen konnte. Eine etwas erhöhte Fläche war sozusagen das Wohn- und Schlafzimmer, wo die Menschen sich bei Hitze oder Regen aufhielten und wo sie sich nachts hinlegten. Die Einrichtung war denkbar einfach. Im Felsboden Löcher für die Vorräte. In den Wänden Nischen für die Öllampen und Leuchter. Neben der Kochstelle stand eine Handmühle aus zwei runden Steinen, um frisches Mehl zu bereiten. Zum Schlafen legten sich die Bewohner auf einfache Matten, die tagsüber zusammengerollt in der Ecke verstaut wurden.[25]

Viele dieser Wohnhöhlen hatten auch einen Vorbau, ein einfaches Haus aus Feldsteinen, in dem es luftiger und heller war als in den Grotten. Diese Vorhäuser hatten ein Flachdach aus Balken mit einer dicken Lage Stroh darauf. Im Sommer konnte man mit einer Leiter auf das Dach steigen, um dort Wäsche oder Früchte zu trocknen oder um darauf in warmen Nächten zu schlafen.

Die Wohnhöhle und das Haus davor waren meist der Lebensraum für eine große Hausgemeinschaft. Erwachsene, Kinder und Tiere lebten hier auf engstem Raum zusammen. Auch die Familie von Jesus dürfte in Nazaret so gelebt haben. An mehreren Stellen im Neuen Testament ist davon die Rede, dass Jesus mehrere Geschwister hatte.

Bis heute gibt es einen Streit darüber, ob nun leibliche Brüder und Schwestern gemeint sind oder nur Verwandte oder Kinder aus der ersten Ehe von Josef. Dieser Streit hat natürlich theologische Hintergründe. Besonders die katholische und die orthodoxe Kirchen halten daran fest, dass Maria zeit ihres Lebens Jungfrau war und darum nach Jesus keine weiteren Kinder mehr zur Welt brachte. Wie gesagt, man sollte bei solchen Fragen sehr vorsichtig sein und religiöse Aussagen nicht ins Biologische übersetzen, sonst kommt man in Teufels Küche und muss die Wirklichkeit nach dogmatischen Vorgaben zurechtbiegen.

Halten wir uns also lieber an die Sitten und Gebräuche zu Jesu Zeiten. Und da war es nicht nur normal, sondern es wurde erwartet, dass eine junge Frau wie Maria viele Kinder bekam. Der Evangelist Markus nennt Jakobus, Joses, Judas und Simon als Brüder Jesu. Die Schwestern nennt er nicht beim Namen, was auch zeitgemäß ist, weil damals in jüdischen Familien Mädchen nicht sehr viel zählten. (Mk 6,3)

Jesus war der Älteste unter seinen Geschwistern, der »Erstgeborene«, wie man sagte. Als solcher wird er schon früh seinem Vater zur Hand gegangen sein. Josef war ein »tekton«, so heißt es in der griechischen Fassung der Bibel, was meistens mit »Zimmermann« übersetzt wird. Zutreffender wäre es aber, wenn man Josef einen Bauhandwerker nennen würde, denn er hat nicht nur Holz verarbeitet, sondern auch Stein und Metall. Als Schreiner hat er Pflüge oder Dreschschlitten gefertigt oder die Dachbalken für die Häuser gehobelt. Daneben hat er auch die für die Gegend typischen, würfelförmigen Hütten gebaut oder erneuert, Zisternen abgedichtet oder Wohngrotten vergrößert. Diese Arbeiten verlangten viel handwerkliches Geschick und viel Kraft. Vielleicht hängt damit zusammen, dass Josef in Jesus' späteren Jahren nicht mehr erwähnt wird. Mag sein, dass er aufgrund seiner anstrengenden Arbeit nicht sehr alt geworden und früh gestorben ist.

Als sicher gilt jedenfalls, dass Josef sein Handwerk an seinen Sohn Jesus weitergegeben hat. Nicht nur, weil er mit Jesus einen Helfer in seiner Werkstatt hatte. Nach jüdischem Glauben war es die Pflicht eines Vaters, dafür zu sorgen, dass die Söhne ein Handwerk erlernten. »Wer seinem Sohn kein Handwerk beibringt«, so heißt es im Talmud, dem jüdischen Wegweiser religiösen Lebens, »der ist wie einer, der ihn zum Straßenräuber erzieht.« Abgesehen davon genoss ein Handwerker in der jüdischen Welt hohes Ansehen und brauchte sich nicht vor den gelehrten Schriftkennern zu verstecken. Im Gegenteil, auch für berühmte Gelehrte war es ehrenhaft und selbstverständlich, einen Brotberuf zu haben. Manche waren Holzfäller oder Bäcker. Der spätere Apostel Paulus, ein hochgebildeter Schriftkenner, verdiente sich seinen Lebensunterhalt als Zeltmacher.

Hand in Hand mit der handwerklichen Ausbildung ging die religiöse Erziehung, gemäß dem Leitsatz, dass man ein Kind mit der Thora mästen muss, wie man den Ochsen im Stall mästet. Das Gesetz schrieb auch vor, dass ein Kind seine ersten Unterweisungen im Elternhaus erhalten soll. Das war in erster Linie die Aufgabe des Vaters. Von seinem Vater Josef wird auch Jesus gelernt haben, dass es nur einen Gott gibt, Jahwe, und nicht viele Götter, wie die Heiden es glauben, und dass dieser Gott seinem Volk Gesetze gegeben hat. Wie jeder Jude war Josef stolz auf das Gesetz. Er empfand es nicht als Last, sondern als eine Gabe, denn die sechshundertdreizehn Gebote des Alten Testaments waren der Weg zum Heil.

Allerdings waren Josef und seine Familie einfache Leute, die die Vielzahl der Gesetze nicht so streng einhalten konnten wie die Pharisäer. Jesus wird aber gelernt haben, die wichtigsten Gebete zu sprechen, die Sabbatruhe und die Reinheitsvorschriften einzuhalten. Und er wird erfahren haben, auf was für eine lange Geschichte das Volk Israel zurückschauen konnte und wie Gott immer wieder seine Treue zu diesem Volk bewiesen hatte. Vor allem damals, als die Israeliten Knechte des Pharaos in Ägypten waren und Gott sie mit mächtiger Hand aus der Gefangenschaft befreit und in das gesegnete Land geführt hatte.

Wie alle Kinder in diesem Alter, kam Jesus mit fünf Jahren in die Schule, das heißt, er ging in die Synagoge, die es in jeder Gemeinde in Palästina gab, auch wenn sie noch so klein war. Die Synagoge war keine Kirche und kein Tempel, sie war eher ein Versammlungsraum, wo die Gläubigen zusammenkamen, um zu beten oder die Schriften zu studieren. Die Synagoge in Nazaret war kein prunkvoller Bau, sondern ein schlichtes rechteckiges Gebäude, dessen Eingang nach Süden wies, nach Jerusalem. Mittelpunkt des Raumes war eine hölzerne Lade, der Thoraschrein, in der die Schriftrollen verwahrt wurden. Davor stand ein Pult, an dem bei den Gottesdiensten aus den Schriften vorgelesen wurde.

Die Synagoge war zugleich auch Schulhaus für die Kinder oder, genauer gesagt, für die Jungen, denn Mädchen und Frauen waren vom Unterricht ausgeschlossen. »Besser, das Gesetz geht in Flammen auf, als dass es in die Hände von Frauen gerät«, war ein Spruch, der viel über die Stellung der Frau in der damaligen jüdischen Welt aussagt. Es waren also die Jungen des Dorfes, die auf dem Boden im Kreis um den Lehrer saßen und in der Thora unterrichtet wurden, indem sie im Chor laut die Sätze wiederholten, die der Lehrer vorsprach.

In welcher Sprache? Die Muttersprache von Jesus war Aramäisch. Teile der Thora waren auch in diese Sprache übersetzt, aber ursprünglich war sie in hebräischer Sprache verfasst. Es ist wahrscheinlich, dass Jesus in der Schule auch Hebräisch lernte, jedenfalls die Grundlagen. Bei seiner religiösen Volljährigkeit, der Bar Mizwa, musste er aus der hebräischen Thora vorlesen. Als Erwachsener bewies Jesus oft, wie gründlich er sich in der Bibel auskannte. Er war nie Schüler eines berühmten Lehrers gewesen, alles, was er wusste, hatte er in der Synagoge in Nazaret gelernt oder es sich selber beigebracht. Wenn später die Leute miterlebten, wie Jesus die Heiligen Schriften auslegte, waren sie so beeindruckt, dass sie ihn mit »Rabbi« anredeten, obwohl er kein Schriftgelehrter war, sondern Jesus aus Nazaret, der »Sohn des Zimmermanns«.

Jesus verbrachte seine Kindheit und Jugend in der kleinen Welt seines Heimatdorfes. Doch obwohl Nazaret abgelegen lag, war es doch nicht aus der Welt. Die Zeiten waren unruhig, und von den Machtkämpfen, die sich in Jerusalem zutrugen, blieb auch das ferne Galiläa nicht unberührt. Wenn Jesus auf die nahen Berghügel stieg, hatte er einen weiten Blick ins Land und konnte bis zur nur wenige Kilometer entfernten Stadt Sepphoris sehen, wo inzwischen Antipas, ein Sohn Herodes' des Großen, residierte. Antipas hatte Sepphoris wieder aufbauen lassen, nachdem es völlig zerstört worden war. Der von der brennenden Stadt rot gefärbte Himmel muss weithin sichtbar gewesen sein. Und die Nachrichten von den schrecklichen Ereignissen in dieser Stadt waren sicher bis nach Nazaret gedrungen. Vielleicht waren auch Leute aus Nazaret bei den Kämpfen ums Leben gekommen oder es hatten sich Flüchtende hier versteckt.

Die Unruhen waren nach Herodes' Tod ausgebrochen, als keiner wusste, wer Palästina in Zukunft regieren würde. Die drei noch lebenden Söhne, Archelaus, Antipas und Philippus, beanspruchten das Erbe des Vaters. Während Archelaus und Antipas nach Rom eilten, um sich die Gunst des Kaisers zu sichern, kam es in Jerusalem zu einem blutigen Aufstand der Juden gegen die verhassten Besatzer. Die Römer griffen hart durch. Sie zerstörten viele Bauwerke und raubten den Tempelschatz. Viele Juden sahen nun in diesem Machtvakuum die Stunde gekommen, endlich die »Freiheit der Väter« wiederzugewinnen.[26] Im ganzen Herodesreich scharten sich Freiheitskämpfer zusammen, um die Römer endgültig aus dem Land zu werfen. In Sepphoris in Galiläa war es ein Mann namens Judas, dessen Vater schon gegen Herodes gekämpft hatte, der einen Haufen Leute um sich sammelte. Sie erstürmten die königlichen Waffenlager, zogen als bewaffnete Freischärler durchs Land und verbreiteten Angst und Schrecken.

Der Finanzverwalter Sabinus, der vom Kaiser nach Jerusalem geschickt worden war, um bis zur geklärten Machtfrage die Schätze des Herodes zu sichern, rief den Statthalter von Syrien, Publius Quinctilius Varus, zu Hilfe. Varus zog mit zwei Legionen Richtung Jerusalem. Ein Teil des Heeres eroberte Sepphoris. Die Stadt wurde in Brand gesteckt und die Bewohner wurden in die Sklaverei verkauft. Nachdem Varus auch in Jerusalem den Aufstand niedergeschlagen hatte, ließ er seine Soldaten in Richtung Norden ausschwärmen, um wie mit einem Netz alle Rebellen einzufangen. Die Soldaten durchkämmten die Dörfer, durchsuchten jedes Haus und nahmen jeden fest, der ihnen auch nur ein wenig verdächtig vorkam. Mit den Gefangenen machten sie kurzen Prozess und schlugen sie ans Kreuz. Nach glaubwürdigen Schätzungen standen an den Wegen auf den Hügeln und in den Tälern Judäas und Galiläas an die zweitausend Kreuze. Damit war die »Pax Romana«, der römische Frieden, wiederhergestellt.

Kaiser Augustus in Rom fällte im Streit um die Zukunft Palästinas eine salomonische Entscheidung. Er teilte das Reich unter den drei Herodessöhnen auf. Archelaus wurde zum Herrscher über Judäa, Samaria und Idumäa ernannt. Philippus wurden die Gebiete im Nordosten zugesprochen. Und Antipas, der sich nun auch Herodes nannte, erhielt die Regionen östlich des Jordans, Galiläa und Peräa. Antipas baute das zerstörte Sepphoris wieder auf, siedelte Tausende Menschen hier an und machte die Stadt zu seiner Residenz.

Nur eine Stunde Fußmarsch von Nazaret entfernt entstand eine neue Stadt. Und das dürfte auch für den Zimmermann Josef ein Segen gewesen sein. Handwerker wie er wurden dringend gesucht und er hat sich diese Einnahmequelle wohl kaum entgehen lassen. Ob er auch seinen ältesten Sohn nach Sepphoris mitgenommen hat?

Dann hätte das Landei Jesus auch einmal eine Stadt gesehen, in der es Tempel, riesige Marktplätze und ein Theater gab.

War Jesus ein ganz normaler Junge oder war etwas Besonderes an ihm? Verhielt er sich manchmal merkwürdig? Oder war er irgendwie anders als seine Geschwister und die anderen Kinder im Dorf? Später haben sich Gelehrte darüber gestritten, ob Jesus eine Entwicklung durchgemacht hat oder nicht. Manche hielten das für undenkbar, weil er doch von Anfang an Gottes Sohn gewesen sei und eine Entwicklung nur jemand brauche, der noch nicht fertig, unvollkommen ist.

Der Philosoph und Theologe Romano Guardini meinte, dass man auch bei Jesus nicht vor dem Gedanken einer Entwicklung zurückschrecken soll.[27] Denn auch diese Eigenschaft gehöre zum »wahren Menschen«. Und ein Mensch, der keine Krisen, Kämpfe, Stürze und Aufstiege erlebt, in dessen Leben fehlt nach Guardini etwas. Allerdings warnt er davor, Jesus psychologisch zu betrachten, als wäre er nur ein Mensch gewesen. Entwicklung ist bei Jesus anders zu verstehen, eher in dem Sinne, dass etwas in ihm angelegt war, das mit der Zeit immer stärker und deutlicher wurde. Ganz in dem Sinne, wie der Evangelist Lukas es beschreibt: »Das Kind wuchs heran und wurde kräftig; Gott erfüllte es mit Weisheit, und seine Gnade ruhte auf ihm.«

4.

Die grosse Loslösung

Es gibt Geschichten vom Kind Jesus, die fast dreihundert Jahre nach dessen Geburt entstanden sind. Als Verfasser gilt ein gewisser Thomas, der als Israelit und Philosoph bezeichnet wird.[28] Die christlichen Gemeinden dieser Zeit hatten offenbar ein großes Bedürfnis, etwas über die Kindheit Jesu zu erfahren, besonders über die Zeit zwischen seinem fünften und zwölften Lebensjahr. Und weil die Evangelien nichts davon erzählten, hat man die Fantasie spielen lassen. Diese Kindheitsgeschichten waren sehr beliebt und sie wurden in viele Sprachen übersetzt.

In diesen Erzählungen haben es Josef und Maria schwer mit ihrem Sohn Jesus. Dauernd kommen Leute aus dem Dorf und beklagen sich über ihn. Einmal verwandelt er einen Jungen, der ihn beim Spielen gestört hat, in einen verdorrten Baum. Einen anderen Jungen lässt er tot umfallen, nur weil der ihn beim Vorbeilaufen angerempelt hat. Alle Menschen in Nazaret haben Angst vor diesem Kind. Doch keiner traut sich mehr, etwas zu sagen, weil Jesus jeden, der sich über ihn beklagt, mit Blindheit straft. Maria und Josef befürchten, dass sie mit diesem seltsamen Kind nicht mehr weiter im Dorf bleiben dürfen und wegziehen müssen. Josef weiß sich nicht anders zu helfen und zieht seinen Sohn kräftig am Ohr, und er fordert ihn auf, in Zukunft diesen Unfug zu lassen.

Jesus jedoch bleibt unbeeindruckt. Die Lehrer, die ihn unterrichten wollen, bringt er zur Verzweiflung, weil er als Schüler viel klüger ist als sie, und ein Lehrer, der es wagt, ihn zu schlagen, fällt sogleich ohnmächtig um. Immerhin kann er auch Gutes bewirken. Als ein Junge namens Zenon beim Spielen vom Dach stürzt und tot liegen bleibt, erweckt er ihn wieder zum Leben. Und auch sein Vater Josef profitiert von den Zauberkräften seines Sohnes. Dem Zimmermann sind die zwei Seitenbretter für ein Bett unterschiedlich lang geraten. Jesus bringt das Missgeschick seines Vaters schnell in Ordnung. Er fasst das zu kurze Brett an und zieht es auf die richtige Länge.

Die Logik, die den Geschichten des Thomas zugrunde liegt, ist offensichtlich: Wer so Außergewöhnliches gesagt und getan hat wie Jesus, so schloss man, der muss schon als Kind außergewöhnlich gewesen sein. Also machte man aus Jesus ein Wunderkind, das nur einen Wunsch oder eine Verwünschung auszusprechen braucht und schon geschieht alles, was es will. Diesem Wunderkind kann man auch nichts mehr beibringen, weil es von Anfang an perfekt und allwissend ist. An diesem Wunderkind ist allerdings auch wenig Sympathisches. Es ist ein kleines Monster, ein altkluger Tyrann, dem man im alltäglichen Leben lieber nicht begegnen möchte.

Dieses sogenannte Kindheitsevangelium des Thomas ist nicht in die Sammlung des Neuen Testaments aufgenommen worden. Und das zu Recht. Es nimmt nämlich nicht ernst, dass Jesus auch ein richtiger Mensch war, und als solcher war er natürlich lernfähig und hat sich entwickelt. Vor allem aber übersehen diese Kindheitsgeschichten vollkommen, dass auch der erwachsene Jesus nie so aufgetreten ist, dass jeder gleich sehen musste, dass er der Gottessohn ist. Im Gegenteil. Jesus ließ seine Umgebung immer über sich im Unklaren. Er benahm sich immer anders, als die Menschen um ihn es erwarteten. Er wollte immer dienen, nicht herrschen. Er war auch kein Zauberer, er war nicht allwissend und allmächtig. Sogar seine engsten Gefährten wurden ihre Zweifel nie ganz los. Bis zuletzt waren sie sich nicht sicher, mit wem sie es eigentlich zu tun hatten. Jesus' Göttlichkeit blieb immer verdeckt. Er blieb unkenntlich. Zum Glauben an ihn konnte man nicht durch eindeutige Beweise gelangen. Jesus machte sich zu einem Rätsel, und er stellte jeden Menschen, dem er begegnete, vor die Wahl, an ihn zu glauben oder nicht.

So gesehen passt es zu Jesus, dass seine Kindheit sich im

Verborgenen abspielte, in einem kleinen, unbedeutenden Dorf in Galiläa, als Sohn einfacher Leute. Trotzdem und dennoch muss an Jesus etwas Ungewöhnliches gewesen sein, etwas, das man auf den ersten Blick nicht gleich wahrnehmen konnte, etwas, das die Menschen eher schockierte als beeindruckte. Davon erzählt die einzige Geschichte, die es in den Evangelien von dem Kind Jesus gibt, die Erzählung des Lukas vom zwölfjährigen Jesus im Tempel. (Lk 2,41-52)

Es dürfte um das Jahr 6 n. Chr. gewesen sein, als Jesus zwölf Jahre alt war. Er stand also kurz vor seiner Bar Mizwa, seiner religiösen Volljährigkeit, die ihn zu einem vollwertigen Mitglied der Glaubensgemeinschaft machte. Zu dieser Zeit kam es in Jerusalem zu bedeutenden Veränderungen. Herodes' Sohn Archelaus, der von Kaiser Augustus zum Herrscher über Judäa ernannt worden war, hatte sich im Laufe seiner Amtszeit als ein ebenso grausamer und tyrannischer Herrscher entpuppt wie sein Vater. Klagen über Klagen waren in Rom über ihn eingegangen. Nun war Augustus mit seiner Geduld am Ende. Er schickte Archelaus in die Verbannung und stellte Judäa unter direkte römische Verwaltung. In Zukunft sollte ein Prokurator die neue Provinz regieren. Der Erste, der mit diesem Posten betraut wurde, war ein gewisser Coponius. Einer seiner Nachfolger wurde später Pontius Pilatus.

Auch die Steuern mussten nun direkt an Rom gezahlt

werden. Grundlage hierfür sollte eine Volkszählung sein, die der neue Prokurator zusammen mit dem schon genannten Quirinius, dem neu ernannten Statthalter von Syrien, durchführen sollte. Wegen dieses neuerlichen Zensus kam es wieder zu gewaltsamen Unruhen. Der Kopf des Widerstandes war wieder jener Judas aus Galiläa, ein Schriftgelehrter. Er forderte seine Landsleute dazu auf, sich zu weigern, Steuern an die Römer zu zahlen. Das war für Judas die zwingende Konsequenz aus dem Gebot, keinen anderen Herrscher als Gott allein anzuerkennen. Für die Römer waren solche Aufrufe natürlich hoch gefährlich, und sie unternahmen alles, um diesen Judas mundtot zu machen.[29]

Judas, der Galiläer, wurde schließlich getötet, aber seine Lehren wirkten wie ein Lauffeuer, das sich unaufhaltsam ausbreitete. Immer mehr Juden, Zeloten wurden sie genannt, griffen aus religiöser Überzeugung, aber auch aus wirtschaftlicher Not zu den Waffen. Sie verließen ihre Familien und versteckten sich in den Höhlen der Golan-Berge. Von dort führten sie einen Guerillakrieg gegen die Besatzer. Sie überfielen römische Kohorten und verübten Attentate auf reiche und hochgestellte Römer.

Die Zeiten waren unruhig und gefährlich. Auch aus diesem Grund reisten die Pilger vom Lande nur in Gruppen nach Jerusalem. Eigentlich schrieb das Gesetz vor, dass jeder Gläubige dreimal im Jahr, zu den großen Festen, nach Jerusalem wallfahrten sollte. Von den »am-ha-aretz«, den Leuten vom Lande, wurde die strenge Einhaltung der Gebote nicht erwartet. Für die meisten genügte es, einmal im Jahr in das religiöse Zentrum zu kommen.

Nach Lukas gingen Josef, Maria und ihr zwölfjähriger Sohn Jesus zum Passahfest nach Jerusalem. Diese dreitägige Reise machten sie gemeinsam mit einer Pilgergruppe, zu der auch viele Bekannte und Verwandte aus Nazaret gehörten. Nach Jerusalem führten mehrere Wege. Die Pilger aus Galiläa bevorzugten den Weg entlang des Jordans bis zur Stadt Jericho.[30] Von Jericho aus ging es dann ständig aufwärts durch die Bergwüste Juda mit ihren tiefen Schluchten und steilen Passwegen.

»Blutsteige« wurde dieser Weg genannt, wegen des roten Gesteins und weil hier häufig Wanderer von Straßenräubern überfallen wurden. Die biblische Geschichte vom barmherzigen Samariter, der sich um einen von Räubern zusammengeschlagenen Mann kümmert, soll sich hier zugetragen haben. Am Ende des gefährlichen Steiges lag ein Rastplatz mit einer Quelle. Nach einer Pause zogen die Pilger weiter am Ort Betanien vorbei auf den Ölberg. Hier öffnete sich unter ihnen das tief eingeschnittene Kidrontal, und jenseits davon lag das Ziel ihrer Reise: Jerusalem.

Für die Pilger vom Lande und besonders für einen zwölfjährigen Jungen muss der Anblick atemberaubend gewesen sein. »Wer nicht den Bau des Herodes gesehen hat«, sagte ein Sprichwort, »hat nie etwas Schönes gesehen.« Flavius Josephus berichtet[31], dass der blendend weiße Marmor der Tempelanlage von ferne aussah wie Schnee auf einem Hügel. Und das Tempelhaus, der heilige Mittelpunkt der Anlage, war mit goldenen Platten verkleidet, die in der Sonne so stark glänzten, dass man seine Augen bedecken musste. Vor fünfundzwanzig Jahren, 19 v. Chr., war mit dem Bau des neuen Tempels begonnen worden und die Arbeiten daran waren noch längst nicht beendet.

Vom Ölberg aus konnte man auch die Ströme von Pilgern sehen, die von allen Seiten, laut singend und betend, in die Stadt drängten. Flavius Josephus übertreibt jedoch maßlos, wenn er sagt, dass zu den großen Festen zwei bis drei Millionen Besucher nach Jerusalem kamen. Einige Hunderttausend dürften es aber gewesen sein. Vor den Toren der Stadt entstanden Zeltlager, in denen die Pilger notdürftig kampierten. Wer Glück hatte, konnte einen Platz in einer Herberge finden oder bei Verwandten unterkommen.

Wer von Jericho nach Jerusalem kam, der musste den Bach Kidron überqueren und dann den gewundenen Weg hinaufsteigen zum Plateau der Tempelanlage. Über sich hatten die Pilger die hochragenden Mauern der Burg Antonia mit ihren vier mächtigen Türmen. Die Burg war für jeden Juden das schmerzliche Sinnbild der römischen Besatzung. Hier, direkt am Rand des wichtigsten jüdischen Heiligtums, hatten auch die Römer ihre militärische Zentrale. Von den Türmen aus überwachten die Soldaten den ganzen Tempelbezirk. Und wenn sie nur die geringsten Zeichen einer beginnenden Unruhe bemerkten, alarmierten sie die Wachsoldaten, die sofort ausrückten und jeden Aufruhr im Keim erstickten.

Zu der Zeit, als der Herodessohn Archelaus abgesetzt wurde, der römische Prokurator Coponius in den Königspalast einzog und die Stimmung im Land hochexplosiv war, wurden die Sicherheitsmaßnahmen zum Passahfest nochmals verstärkt. Überall in Jerusalem standen die Legionäre, ausgestattet mit Bronzehelm und Kettenpanzer, bewaffnet mit einem Wurfspieß, mit Schwert und Dolch.

Die Pilger aus Richtung Jericho betraten den Tempelbezirk durch das sogenannte Schaftor im Norden. Erst nach der vorschriftsmäßigen Reinigung durften sie das Innere des Tempelbereiches betreten, zunächst den riesigen Innenhof, der von überdachten Säulenhallen gesäumt war. Jetzt waren sie an dem Ort, wo das zerstreute Volk der Juden seine Heimat hatte, das herrlichste Heiligtum, der religiöse Nabel der Welt. Die ganze Anlage war nochmals ausgerichtet auf einen Mittelpunkt, auf das eigentliche Tempelhaus, wo Gott wohnte. Je näher man diesem Zentrum kam, desto heiliger wurde der Ort. Auf dem Vorhof durften sich auch noch Heiden aufhalten. Hier herrschte an Festtagen drangvolle Enge. Hier konnte man seine Münzen in Tempelgeld wechseln, denn nur damit durften die kultisch reinen Opfertiere gekauft werden.

Der innere Bereich des Tempels war durch eine Balustrade vom Vorhof abgetrennt. An den Eingängen waren Warnschilder angebracht, die den Heiden den Zugang unter Todesstrafe verboten. Über Treppen gelangte man zunächst in einen Vorhof, der Frauen vorbehalten war, weiter voranschreiten in den nächsten Vorhof durften nur die Männer. Sie hatten nun freien Blick auf den Priesterhof, wo der große Altar stand, auf dem die Opfertiere verbrannt wurden. Zwölf Stufen führten von hier hinauf in das eigentliche Tempelhaus, das Haus des Herrn.

Der heiligste Raum dieses Gebäudes war durch einen großen Vorhang abgetrennt. Das Allerheiligste war leer. Nur ein Stein bezeichnete die Stelle, wo früher die verloren gegangene Bundeslade gestanden hatte. Niemand durfte diesen Raum betreten, nicht einmal einen Blick durfte man hineinwerfen. Nur einmal im Jahr, am Versöhnungstag, betrat der Hohepriester diesen heiligen Raum, wo Himmel und Erde sich berührten, wo Gott anwesend war.[32]

Die Gemeinschaft dieses Gottes mit den Menschen zu bekräftigen und sie von Störungen frei zu halten, das war der Sinn der täglichen Opfer. Diese Störungen wurden von den Menschen verursacht, dann nämlich, wenn sie sich sittlicher oder ritueller Vergehen schuldig machten. Wer gegen die Sabbatruhe oder die Reinigungsvorschriften verstoßen hatte, der konnte durch seine Opfer den Zorn Gottes beschwichtigen und die Gemeinschaft mit ihm wiederherstellen. Und die Gemeinschaft mit Gott, die bestand in der strengen Einhaltung der Gesetze, die er seinem Volk gegeben hatte. So war für jeden Israeliten der Tempel der Ort, wo der Mensch die Hoheit Gottes anerkannte und sich ihm unterwarf. Und diese Hingabe und Unterwerfung geschah durch das Opfer.

In der legendenhaften Beschreibung des Lukas blieb Josef mit seiner Familie die ganze siebentägige Festzeit in Jerusalem. (Lk 2,43) Am Vormittag nach dem letzten Festtag machte sich die Reisegruppe aus Galiläa wieder auf den Rückweg in die Heimat. Josef und Maria dachten sich nichts dabei, als Jesus beim Aufbruch nicht bei ihnen war und sie ihn auch in der Folgezeit nicht zu Gesicht bekamen. Sie waren sich offenbar sicher, dass er, wie schon bei der Hinreise, mit anderen Kindern vorausgelaufen war und sich Verwandten oder Freunden angeschlossen hatte. Erst als die Gruppe schon einen ganzen Tag unterwegs war, suchten sie nach ihm, konnten ihn aber nicht finden. Er musste in Jerusalem zurückgeblieben sein. Die Eltern kehrten sofort um und kamen wahrscheinlich in den frühen Morgenstunden wieder in Jerusalem an. Voller Sorge und Angst durchstreiften sie die Gassen der Stadt und fragten in Gasthäusern und bei Straßenhändlern nach einem allein herumirrenden Kind. Doch niemand hatte Jesus gesehen. Auch am nächsten Tag war er nirgendwo zu finden.

Am dritten Tag gingen seine wohl schon ziemlich verzweifelten Eltern wieder in den Tempel, wo sie an den Festtagen ihre Opfer dargebracht hatten. Als sie die marmornen Säulenhallen entlanggingen, wollten sie ihren Augen nicht trauen. Jesus saß da seelenruhig in einem Kreis von Schriftgelehrten und diskutierte mit ihnen. Es war Maria, die erleichtert, aber auch verärgert zu ihrem Sohn ging, ihn streng bei der Hand packte und zu ihm sagte: »Kind, wie konntest du uns das antun? Dein Vater und ich haben dich voll Angst gesucht.« Jesus sah seine Eltern aber nur verständnislos an und meinte: »Warum habt ihr mich gesucht? Wusstet ihr nicht, dass ich in dem sein muss, was meinem Vater gehört?«

Weder Maria noch Josef verstanden, was er damit sagen wollte. Sein Vater war doch auf dem Heimweg nach Nazaret gewesen und nicht im Tempel! Joseph hätte allen Grund gehabt, den Ausreißer an den Ohren nach Hause zu schleifen.[33] Doch Jesus hatte anscheinend schon öfter seltsame Dinge gesagt, und so zerbrachen sie sich nicht weiter ihre Köpfe über ihren merkwürdigen Sohn. Hauptsache, sie hatten ihn wieder.

Die Handwerkerfamilie aus Nazaret ist immer wieder

als »heilige Familie« verklärt und in der Kunst auch wiederholt so dargestellt worden. Josef, der fleißige Zimmermann und treu sorgende Familienvater. Maria, die aufopferungsvolle und zärtliche Mutter. Jesus, der »gehorsame Sohn«. Die Geschichte vom zwölfjährigen Jesus im Tempel passt nicht zu dieser Idylle und bringt einen hässlichen Missklang in das harmonische Familienbild.

Aus der Sicht von Maria und Josef ist es grausam, gedankenlos und egoistisch, wie sich Jesus benimmt. Ist es nicht das Natürlichste der Welt, dass sie sich Sorgen machten, als Jesus verschwunden war? Bisher war Jesus in Nazaret immer in ihrer Nähe gewesen, und wenn er nicht zu Hause war, wussten sie, wo er war, bei Verwandten oder Freunden. Nun war er plötzlich weg. Nicht auszudenken, was ihm alles hätte passieren können. Das Kind allein in dieser großen Stadt! Drei Tage suchten sie erfolglos nach ihm und waren vor Sorge und Angst schier verrückt geworden. Und wie reagierte Jesus, als sie ihn endlich im Tempel fanden? Er benahm sich völlig gleichgültig. Er wunderte sich darüber, dass seine Eltern ihn gesucht haben, und er schien sich überhaupt nicht vorstellen zu können, welche Ängste sie seinetwegen ausgestanden hatten. Und was er seiner Mutter auf ihre Vorwürfe antwortete, war geradezu eine Frechheit, eine Unverschämtheit.

Aus seiner Sicht tat Jesus nur etwas, wozu die Eltern sich schon längst religiös verpflichtet hatten. Als sie ihn beschneiden ließen und ihn mit in den Tempel nahmen, haben sie mit diesen Ritualen erklärt, dass ihr Kind nicht ihnen gehört. Jetzt, da er schon auf der Schwelle zu seiner religiösen Volljährigkeit steht, wollen sie ihn aber nicht loslassen.

Was Jesus macht, das hat der Philosoph Friedrich Nietzsche die »große Loslösung« genannt. Diese Loslösung ist für Nietzsche notwendig für jeden, der ein »freier Geist« werden will, aber sie ist unvermeidlich mit einem schlechten Gewissen verbunden, weil man sich nun gegen das wendet, was man bisher geliebt, was einem bisher Wärme und Sicherheit gegeben hat. »[...] ein Wille und Wunsch erwacht, fortzugehen«, schreibt Nietzsche, »irgendwohin, um jeden Preis; eine heftige gefährliche Neugierde nach einer unentdeckten Welt flammt und flackert in all ihren Sinnen. ›Lieber sterben als *hier* leben‹ – so klingt die gebieterische Stimme und Verführung: und dies ›hier‹, dies ›zu Hause‹ ist alles, was sie bis dahin geliebt hatte!«[34]

Damit der Ausbruch aber gelingt, muss der »Wille zur Freiheit« größer sein als das schlechte Gewissen. Allerdings gibt es für Nietzsche sehr feste, fast unzerreißbare Stricke, die einen immer noch an das Alte fesseln. Zu diesen Stricken gehören die »Pflichten«, die »Dankbarkeit« und vor allem die »Liebe«. Es ist eine Liebe, die nicht freilässt, sondern einengt und einen auf fatale Weise gefangen hält, die Nietzsche anprangert. Und darum gehört für ihn zu einer gelungenen Befreiung notwendig auch der »Hass auf die Liebe«.

Diesen Argwohn gegen die Liebe, die letztlich eine falsche Liebe ist, hat vielleicht niemand stärker empfunden und unter ihr hat niemand mehr gelitten als der Beamte und heimliche Dichter Franz Kafka. Er, der nach eigener Aussage das größte Bedürfnis nach Selbstständigkeit hatte, lebte noch als Dreißigjähriger bei den Eltern, und es bestand keine Aussicht, dass es je anders werden würde. Wie sollte er auch revoltieren gegen eine Mutter und einen Vater, die immer beteuerten, dass sie für ihren Sohn alles tun, dass sie ihr Herzblut für ihn geben würden. »Nichts wollen die Eltern«, so schrieb Kafka verzweifelt, »als einen zu sich hinunterziehen, in die alten Zeiten, aus denen man aufatmend aufsteigen möchte, aus Liebe wollen sie es natürlich, aber das ist ja das Entsetzliche.«[35]

Im Vergleich zum »ewigen Sohn« Franz Kafka handelt der zwölfjährige Sohn Jesus mit einer bewundernswerten Entschlossenheit. Von den Vorhaltungen seiner Mutter lässt er sich nicht beeindrucken, auch nicht von ihrer ängstlichen Sorge. Und seinem Vater sagt er auf den Kopf zu, dass er einen anderen Vater habe. Jesus will Josef nicht verletzen, er will ihm nur deutlich machen, dass die Eltern lediglich eine Zeit lang für ihn zuständig sind, sozusagen als Stellvertreter. Sie können ihm ein Heim, Essen und Fürsorge geben. Aber die Liebe und das Vertrauen, das ein wirklich eigenständiges und freies Leben ermöglicht, die können sie ihm nicht geben. Die kann er nur von einem anderen »Vater« empfangen, einem Vater, der jenseits der menschlichen Welt steht. Josef und Maria haben ihren Sohn bereits verloren, sein Platz ist im Tempel. Sie bleiben seine Eltern, kommen aber an zweiter Stelle. Wenn sie nicht bereit sind, ihn zu »opfern«, ihn herzugeben, freizulassen, dann ist das der sicherste Weg, ihn endgültig zu verlieren.

Jesus zeigt in dieser Frage eine unsentimentale Entschiedenheit, die er später als Erwachsener auch von anderen erwarten wird. Menschen, die sich ihm anschließen wollen, stellt er vor eine radikale Wahl. »Wenn jemand zu mir kommt«, so sagt er im Lukasevangelium, »und nicht seinen Vater und seine Mutter und sein Weib und seine Kinder und seine Brüder und seine Schwestern und dazu sein Leben gering achtet, kann er nicht mein Jünger sein.« (Lk 14,25)

Nachfolge bedeutet für Jesus, so zu handeln, zu glauben und zu leben wie er. Ein Nachfolgender in diesem Sinne war der Tuchhändlersohn Franz von Assisi. Er, der einstige Liebling seiner Eltern und Partyheld seiner Heimatstadt, fing plötzlich an, sich sehr seltsam, ja verrückt zu benehmen. Was ihn lockte, war eine andere Idee von Freiheit, und um diese auch zu leben, war es unumgänglich, seinem Vater zu widersprechen. So kam es zu dem großen Eklat auf einem Platz in Assisi. Der wütende Vater stand dem nun fremden Sohn gegenüber. Franz verzichtete nicht nur auf sein Erbe, er zog seine Kleider aus, als Zeichen dafür, dass ihn nichts mehr mit seinem Vater verband. Und er verkündete, von nun an keinen anderen Vater mehr zu haben als den »Vater im Himmel«.

Der heilige Franziskus hasste seinen Vater nicht. Er sprach ihm nur das Recht ab, über sein Leben zu bestimmen. Die Trennung von seinem Vater war ein »Sprung in die Freiheit«. Es ist dieselbe Freiheit, dieselbe »wundersame Unbekümmertheit«, die der Philosoph Karl Jaspers am Menschen Jesus beobachtet und die ihm so »unbegreiflich« ist.[36] Ein Mensch wie Jesus, so Jaspers, bleibt der Welt verbunden, er nimmt an allem teil, sein Blick ist offen für alles und er kann Menschen verstehen wie kein anderer. Das ist nur möglich, weil er ungebunden bleibt, weil Dinge und Menschen ihn nicht an sich fesseln können, er nicht ihr Gefangener ist. Diese »unendliche Kraft«, die Jesus auszeichnet, kommt für Jaspers aus einem »nicht mehr welthaften Grund«. Es ist ein Grund, den Jesus »Vater« nennt.

Nach Lukas kehrte der zwölfjährige Jesus mit seinen Eltern nach Nazaret zurück und war ihnen ein gehorsamer Sohn. Rein äußerlich bleibt die »heilige Familie« vereint wie früher. Was sich in Jerusalem ereignet hat, das lässt sich in seinen Folgen nur schwer erkennen, und doch lässt sich hier das Besondere erahnen, das Jesus ausmacht und ihn als Messias auszeichnet. Es besteht nicht darin, dass er Zaubertricks beherrscht, dass er Menschen tot umfallen lassen kann oder dass er mit seinem überragenden Wissen alle Lehrer lächerlich macht. Es besteht allein in dem sicheren Glauben, einen anderen Vater zu haben. Mit diesem Glauben wird Jesus noch lange ein verborgenes, unspektakuläres Leben in Nazaret führen. Gott, so sagt es Romano Guardini, »ist nicht im Sturm und nicht im Erdbeben, sondern im stillen Hauch.«[37]

ZWISCHENFRAGE

Wie sah Jesus eigentlich aus?

Wie hat Jesus eigentlich ausgesehen? War er klein oder groß? Hatte er lange oder kurz geschnittene Haare? Welche Farbe hatten seine Augen? Trug er einen Bart oder war er glatt rasiert? Wie war er angezogen? Merkwürdigerweise berichten die vier Evangelisten mit keinem Wort über das Aussehen des Mannes aus Nazaret. Waren Sie daran nicht interessiert, oder scheuten sie sich, das Äußere eines Menschen zu beschreiben, den sie als Gottes Sohn verehrten? Spätere Generationen waren jedenfalls weniger zurückhaltend, wenn es galt, der Gestalt Jesus ein Gesicht und einen Körper zu geben.

Origenes, ein christlicher Gelehrter, der Ende des zweiten, Anfang des dritten Jahrhunderts lebte, beschrieb Jesus als klein, unscheinbar und hässlich.[38] Er war dabei vermutlich beeinflusst von einer Stelle im Alten Testament, wo über den Messias gesagt wird, dass sein Anblick nicht angenehm gewesen sei. Diesem Urteil schlossen sich viele Heilige der Ostkirche an und glaubten sogar zu wissen, dass Jesus mit dem linken Bein hinkte oder sonst missgestaltet war. In einer slawischen Übersetzung von Flavius Josephus' Darstellung des Jüdischen Krieges gegen die Römer wird Jesus geschildert als kleiner Mann mit einem Buckel, mit langem Gesicht, zusammengewachsenen Augenbrauen, schütterem Haar und mickrigem Bart.[39]

Die westliche Kirche dagegen pflegte das Bild von Jesus als einem schönen Mann und dieses Bild wurde vor allem durch die christliche Kunst verbreitet. Auf den meisten Darstellungen ist Jesus groß gewachsen, hat lange braune Haare mit einem Mittelscheitel, einen Vollbart, ausdrucksvolle Augen und ein gleichmäßiges, sanftes Gesicht. Diese Vorstellung ist durch die verschiedenen Jesus-Filme noch verfestigt worden. Ob Pier Paolo Pasolinis Verfilmung des Matthäus-Evangeliums, Franco Zeffirellis Filmepos *Jesus von Nazaret* mit Robert Powell in der Hauptrolle, Martin Scorseses *Die letzte Versuchung Christi* mit Willem Dafoe als Jesus oder Mel Gibsons blutige *Passion Christi* – immer wird die Gestalt Jesu mit ähnlichen Merkmalen ausgestattet, als schlanker, großer Mann mit langen Haaren und Bart. Selbst in der Rockoper *Jesus Christ Superstar* oder bei den Passionsspielen in Oberammergau wird diese Tradition wie selbstverständlich weitergeführt. Dabei ist dieses Bild von Jesus natürlich von unseren kulturellen Vorgaben in Europa geprägt, und für Menschen in Afrika ist es ganz normal, wenn in einer afrikanischen Ausgabe der Bibel Jesus abgebildet ist mit dunkler Haut und Kraushaar.

Bis in die heutige Zeit hat sich das Bedürfnis erhalten, sich Jesus bildlich vorstellen zu können. Der Autor und Journalist Peter Seewald orientiert sich in seiner »Biografie« über Jesus an dem berühmten Turiner Grabtuch, das Mitte des vierzehnten Jahrhunderts erstmals erwähnt wurde und das die Vorder- und Rückseite eines Mannes zeigt, der für viele Gläubige niemand anderes ist als der tote Jesus Christus. Entsprechend den Maßen dieses Abdrucks ist Jesus für Seewald »ein kräftiger Mann, knapp 1,90 Meter groß«. Er hat eine »hohe, fast schlaksige Gestalt«, dazu »das wallende Haar« und eine »gleichmäßige Stimme, die Behaglichkeit erzeugte«.[40]

Der Fantasie scheinen keine Grenzen gesetzt. Der amerikanische Künstler Stephen Sawyer überbot Seewald noch und malte Jesus als einen Wrestler, der in der Ecke eines Boxrings steht und den Betrachter selbstbewusst anschaut. Seine langen, gewellten kastanienbraunen Haare fallen ihm über die muskulösen Schultern. Sein männliches Gesicht mit dem markanten Kinn ziert ein gepflegter Vollbart und sein Körper ist der eines Bodybuilders. Sawyer will die modernen Menschen von einem »verstaubten Jesusbild« befreien. Er will einen Jesus für Männer zeigen, keinen blassen Schwächling, sondern einen echten Kerl.[41]

Es sind auch Jesus-Bilder wie die von Stephen Sawyer,

die die Kritik einer feministisch ausgerichteten Theologie hervorgerufen haben. Ihr geht es darum, Gott von männlichen Denkmustern zu befreien und seine weiblichen Eigenschaften zu entdecken. Einige Künstler gehen sogar so weit und stellen Jesus als »Christa« in Gestalt einer nackten oder halb nackten Frau am Kreuz dar[42], was bei vielen Gläubigen zu einem Sturm der Entrüstung führte und zu dem Vorwurf, dass solche Bilder nichts anderes sind als Blasphemie.

Sind, wenn es um das Aussehen Jesu geht, der Fantasie wirklich keine Grenzen gesetzt? Kann sich jeder nach seinem Geschmack einen Jesus ausmalen? Oder gibt es handfeste Anhaltspunkte dafür, wie Jesus wirklich ausgesehen hat? Im Jahr 2002 überraschte das US-Wissenschaftsmagazin *Popular Mechanics* mit einem Beitrag über das »wahre Gesicht Jesu«.[43] Auf der Grundlage neuester medizinischer und archäologischer Erkenntnisse und mit Methoden, wie man sie zur Aufklärung von Verbrechen verwende, habe man, so wurde behauptet, ein genaues Bild vom »berühmtesten Gesicht der Geschichte« erstellt. Was der mit allen Daten gefütterte Computer dann preisgab, war ein Jesus, wie man ihn von den Bildern in den Kirchen nicht kannte: ein grobschlächtiges Gesicht mit kurzen Haaren, niedriger Stirn, struppigem Bart, dicker Nase und wulstigen Lippen. Müssen wir uns also Jesus so vorstellen, wenn wir die Bibel lesen?

Wie sehr das Bild von Jesus von unseren Erwartungen,

unserer Erziehung und dem Einfluss von Medien geprägt ist, hat der Künstler Christian Jankowski mit einer Videoinstallation zeigen wollen. Er inszenierte ein Casting, bei dem sich dreizehn Kandidaten um die Rolle des perfekten Jesus-Darstellers bewarben.[44] Juroren waren zwei Theologen und ein Journalist.

In der ersten Runde mussten die Kandidaten ihre Hände zeigen und eine kurze Stelle aus der Bibel vorlesen. Jesus Nummer zwölf war einem der Juroren zu dick, ein anderer hatte eine zu große Nase, ein dritter konnte nicht überzeugend genug vermitteln, dass er das Leid der Welt trage. Die übrig gebliebenen sechs Bewerber mussten in der zweiten Runde dann Brot brechen und die Heilung eines Kranken mimen. Jene drei, die vor den strengen Augen der Jury ihre Aufgaben am besten lösten, kamen ins Finale, wo sie dann ein Kreuz tragen und auf ein Zeichen hin sterben mussten. Sieger war schließlich ein junger Mann aus Florenz mit langen blonden Haaren und blauen Augen. Jankowski ließ von diesem Muster-Jesus Gebetskärtchen drucken. Der Vatikan soll Tausende davon bestellt haben.

Solche Gebetskärtchen habe ich als Kind von einer Lehrerin bekommen, wenn ich eine gute Note in Religion geschrieben hatte. Auf meinen Kärtchen war ein Jesus zu sehen, der ein sichtbares, von einem Dornenkranz umwundenes Herz auf der Brust hatte. Dieser schöne Jesus hatte langes gewelltes, in der Mitte gescheiteltes Haar und unsagbar milde, traurige Augen, die gen Himmel gerichtet waren. Dieses Bild hat ein für alle Mal meine Vorstellung von Jesus festgelegt, auch wenn ich heute weiß, dass dieser Jesus nur die Kitsch-Figur eines Kunstgewerbes ist, das die Wünsche seiner Kunden erfüllt.

Bestärkt hat mich in meiner Überzeugung auch die Aussage eines Pfarrers, der meinte, dass Jesus den Schlechten hässlich erscheine und den Guten schön. Der Umkehrschluss lag für mich auf der Hand. Mein Jesus war schön, also musste ich gut sein. Und das wollte ich. So tief war der schöne Jesus in mir verankert, dass bis heute sich alles in mir dagegen wehrt, wenn ich von einem Jesus höre, der klein, bucklig und glatzköpfig gewesen sein soll. Und mein Bild vom schönen, sanften und leidenden Jesus wird nicht ins Wanken gebracht, auch wenn man mir tausend Mal sagt, dass kein Mensch wissen kann, wie Jesus ausgesehen hat.

Die Frage nach dem Aussehen des Jesus von Nazaret ist ganz ähnlich der Frage, wer Jesus eigentlich war, was er wirklich getan und gesagt, wie er gelebt hat. Ebenso wie man gerne ein Foto von Jesus hätte, so würde man auch gerne ganz genau wissen, was sich vor zweitausend Jahren in Israel ereignet hat. Denn immerhin ist aus dem, was dieser Zimmermannssohn aus Nazaret gesagt und getan hat, eine Weltreligion entstanden.

Da Jesus selber keine Schriften hinterlassen hat, sind wir angewiesen auf die Berichte jener Autoren, die nach seinem Tod Erinnerungen an ihn gesammelt und aufgeschrieben haben. Viele dieser Schriften wurden als so unglaubwürdig empfunden, dass sie nicht in den Kanon der maßgeblichen Texte, also in die Sammlung des Neuen Testaments, aufgenommen wurden. Dort stehen bis heute die Zeugnisse der vier Evangelisten Matthäus, Markus, Lukas und Johannes. Lange Zeit galten die Evangelien als von Gott inspirierte Schriften, deren Glaubwürdigkeit niemand anzutasten wagte. Erst als man begann, die Evangelien zu lesen wie historische Berichte, kamen Zweifel auf. Wurde die Geschichte des Jesus von Nazaret von den Evangelisten wahrheitsgemäß überliefert oder vielleicht verfälscht? Hatten die Evangelisten, die ein bis zwei Generationen nach Jesus lebten, nicht schon ihre eigene Sicht von Jesus entwickelt, die sie nun rückwirkend auf ihn projizierten, womit sie seine Botschaft verzerrten?

Wie Restauratoren, die ein altes, immer wieder übermaltes Gemälde freilegen wollen, gingen Generationen von Forschern daran, eine Schicht nach der anderen abzutragen, um den darunterliegenden »echten« Jesus freizulegen. Was am Ende übrig blieb, waren ein paar dürftige, mehr oder weniger »harte«, also beweisbare Fakten. Auf der Suche nach dem »wahren« Jesus war unmerklich die faszinierende Gestalt des Mannes aus Nazaret, ihr Anspruch und ihre Wirkung, verloren gegangen. Der Mediziner und Theologe Albert Schweitzer zog nach kritischer Durchsicht der Leben-Jesu-Forschung den Schluss, dass die Autoren nicht den »wirklichen« Jesus freigelegt haben, sondern mehr ihren eigenen Vorurteilen und Interessen gefolgt sind.[45]

Ebenso wenig, wie es ein Foto von Jesus gibt, kann man ein historisch genaues Bild von ihm erstellen. Alle Dokumente, die von Jesus berichten, sind eine untrennbare Einheit von Wissen und Glauben. Und so braucht man, wenn man von Jesus erzählen will, einen zweifachen Blick – einen für die historischen Umstände und einen für die religiösen Erfahrungen.

5.

Kinder des Lichts und die Fallen des Teufels

Die stillen Jahre in Nazaret waren eines Tages vorbei. Jesus hatte im Kreise seiner Familie gelebt und sein Handwerk ausgeübt. Vermutlich ist sein Vater Josef früh verstorben und Jesus musste sich als der Erstgeborene um seine Mutter und die Geschwister kümmern. Die Jahre in Nazaret waren auch eine Zeit der Sammlung, in denen sich Jesus seiner Sendung immer mehr bewusst geworden ist. In den Evangelien deuten einige Stellen darauf hin, dass sich Jesus von seiner Mutter und seinen Geschwistern entfremdet hat. Sein Verhalten und seine Gedanken wurden von den Familienmitgliedern als sonderbar, wenn nicht gar als verrückt empfunden.

Mit wenig Verständnis oder sogar mit großer Aufregung dürften seine Angehörigen und Verwandten auf seinen Entschluss reagiert haben, aus Nazaret wegzugehen. Ein Auslöser sind Gerüchte von einem heiligen Mann namens Johannes, die bis nach Nazaret gedrungen sind. Jesus verlässt sein Heimatdorf und macht sich auf den Weg an den Unterlauf des Jordans. Er ist etwa dreißig Jahre alt.

Viele Theologen gehen davon aus, dass Jesus lange Zeit ein Schüler des Johannes war. Ob sie sich schon seit Längerem kannten oder sich bei der Taufe Jesus' das erste Mal sahen, ist eine Frage, die sich nicht mehr mit letzter Sicherheit klären lässt. Fest steht jedenfalls, dass sich Jesus irgendwann von Johannes trennte und eigene Wege ging. Inwieweit aber war Johannes ein Vorläufer und Jesus sein Nachfolger? Führte Jesus weiter, was Johannes angefangen hat? Kam mit Jesus das große Gericht, mit dem Johannes immer gedroht hatte, näher? Erfüllten sich die Hoffnungen strenggläubiger Kreise nach einem Messias, der die Guten und Gerechten in einen letzten Kampf gegen die Feinde Israels und die Ungläubigen führt und ein Gottesreich errichtet? Oder fing mit Jesus etwas ganz Neues an?

An einem Sommertag im Jahr 1947 suchte der junge Beduine Mohammed ad Dib im Wüstengebirge Juda südlich von Jericho nach einer Ziege, die sich verirrt hatte. An den Steilhängen am Nordufer des Toten Meeres stieß er auf eine Höhle, die er bisher noch nie bemerkt hatte. Zusammen mit einem Freund durchsuchte er die Höhle und sie fanden Tonkrüge, die mit Deckeln verschlossen waren. Die beiden Jugendlichen glaubten schon, einen Goldschatz entdeckt zu haben. Zu ihrer Enttäuschung waren fast alle Krüge leer, nur einer enthielt mehrere Lederrollen. Die Beduinen verkauften ihren Fund an einen syrischen Antiquitätenhändler. Erst auf abenteuerlichen Umwegen gelangten die Schriftrollen in die Hände von Wissenschaftlern, die sofort erkannten, dass es sich hier um eine sensationelle Entdeckung handelte.

Was die beiden Ziegenhirten gefunden hatten, waren über zweitausend Jahre alte Handschriften des Alten Testaments sowie die Lebensregeln einer jüdischen Glaubensgemeinschaft, darunter auch eine Schriftrolle, die vom »Krieg der Söhne des Lichtes gegen die Söhne der Finsternis« handelt.[46] Wer die Rollen hier versteckt hatte und wer die »Söhne des Lichtes« waren, das ergaben Ausgrabungen nur wenige Jahre später. Nicht einmal einen Kilometer entfernt vom Fundort der Schriftrollen entdeckten Forscher die Reste einer Ansiedlung, die als Ruinen von Qumran bekannt waren. In dieser klosterähnlichen Anlage gab es alles, was man zu einem unabhängigen Leben brauchte: Küchen, Werkstätten, Zisternen, Vorratsräume und Schreibstuben, in denen Krüge wie die in den Höhlen gefunden wurden. Vieles spricht dafür, dass dieses Qumran das Zentrum der Glaubensgemeinschaft der Essener war, das zu Lebzeiten Jesu eine Blütezeit erlebte.

Diese Essener waren eine Sekte, die sich ganz bewusst vom normalen Volk und auch vom Tempelkult in Jerusalem absetzen wollte. Ihrer Überzeugung nach hatten sich die Juden von einem gottgewollten Leben entfernt. In der Einsamkeit der Wüste wollten die Essener, die sich auch »Erwählte Gottes« oder »Söhne des Lichtes« nannten, frommer, gerechter und heiliger leben als die Masse der Menschen.[47] Wer in diese auserwählte Gemeinde aufgenommen werden wollte, musste seine Familie und sein früheres Leben hinter sich lassen und eine jahrelange Probezeit bestehen. Erst dann wurde er ein vollwertiges Mitglied der heiligen Bruderschaft. Er war verpflichtet, sein Vermögen an die Gemeinschaft abzutreten, sich den strikten Ordensregeln zu unterwerfen und zu schwören, nichts über die Gemeinde an Außenstehende zu verraten. Wer gegen die Regeln verstieß, der musste mit drastischen Strafen rechnen. Schlimmstenfalls wurde er aus dem Orden ausgestoßen. Da er aber auch dann noch an seinen Eid gebunden war, durfte er von Fremden keine Nahrung annehmen, was meistens einem Todesurteil gleichkam.

Mit dem Eid, den jedes neue Mitglied der Bewegung ablegen musste, verpflichtete es sich auch, wie es in den Ordensregeln heißt, »alle Söhne des Lichtes zu lieben [...] und alle Söhne der Finsternis zu hassen«. Damit verbunden war der Glaube, dass das Ende der Zeit nahe bevorstehe und es bald zu einem heiligen Krieg kommen werde, bei dem die Kinder des Lichtes mithilfe von Engeln die Kinder der Finsternis, auf deren Seite der Teufel kämpft, besiegen.[48]

Keine zwanzig Kilometer entfernt von Qumran lag die Stelle am Jordan, wo Johannes der Täufer wirkte. Johannes hat vermutlich die Leute von Qumran gekannt oder zumindest von ihnen gehört. Man hat sogar gemutmaßt, ob nicht Johannes als Kind in der Gemeinschaft von Qumran erzogen worden ist. Als Beleg für diese Vermutung führte man an, dass auch die Ansichten des Johannes so radikal waren wie die der Essener. Wie sie drohte er mit einem baldigen Gericht und er verlangte von den Menschen eine Umkehr ohne Wenn und Aber. »Ihr Schlangenbrut«, so fährt er im Matthäusevangelium die Schriftgelehrten und Priester an, »wer hat euch denn gelehrt, dass ihr dem kommenden Gericht entrinnen könnt?« (Mt 3,7)

Anders als die Leute von Qumran aber war Johannes ein Einzelgänger und seine Botschaft richtete sich auch an jeden Einzelnen. Zornig reagierte er, wenn Menschen zu ihm kamen und meinten, sie führten ein gottgefälliges Leben, nur weil sie einer Gruppe angehörten oder sich zu einer Tradition bekannten. Und schon gar nicht konnte er es ertragen, wenn Leute religiöse Floskeln von sich gaben und sich darum für fromm hielten. Das alles waren für Johannes Ausflüchte, um sich moralisch selbst zu beruhigen und sich hinter einem Kollektiv zu verstecken. Vor Gott aber zählte für Johannes immer nur der Einzelne. Seine Entscheidungen, sein persönliches Leben musste er vor Gott verantworten, und die Frage, welchem

Volk er angehörte oder welcher sozialen oder religiösen Gruppe, das war hier völlig belanglos. Schlimmer als von Menschen abgelehnt zu werden, war für Johannes, von Gott entfremdet zu sein und vor ihm seine Schuld bekennen zu müssen. Vor Gott muss man sich fürchten, nicht vor den Menschen.

Es ist jedoch diese Furcht, die Johannes den Täufer wiederum mit den Aussteigern aus Qumran verbindet. Wie diese malt Johannes das Schreckgespenst eines baldigen Endes und eines Letzten Gerichts an die Wand. Wer sein Leben nicht sofort von Grund auf ändert, wer nicht rückhaltlos seine Sünden bekennt und Buße tut, der wird von Gott gnadenlos gerichtet werden. Der Gott, den Johannes mit seinen drastischen Worten heraufbeschwört, ist ein strenger und unerbittlicher Richter. Und die Notwendigkeit, sich zu ändern und umzukehren, soll unter dem Druck der Angst geschehen. Kann man aber mit Angst Menschen ändern?

Johannes scheint es geglaubt zu haben. Und unausgesprochen war damit auch der Glaube verbunden, dass Menschen sich zum Besseren ändern können, wenn sie nur wollen. Dass dieser Glaube an der menschlichen Wirklichkeit vorbeigeht, das hätte Johannes schon zu seiner Zeit beobachten können, und auch in den Jahrhunderten nach ihm hat es sich immer wieder bewahrheitet. Der Dichter Fjodor Dostojewski hat in seinen Romanen Personen geschildert, von denen man sich gut vorstellen kann, dass auch sie schuldbeladen an den Jordan zu Johannes gekommen wären. Es sind Menschen vom Rand der Gesellschaft: Verbrecher, Huren, Versager, Gescheiterte. Bei den Figuren Dostojewskis allerdings hätte Johannes auch mit noch so donnernden Bußpredigten nichts ausrichten können. Alle Vorwürfe und gut gemeinten Ratschläge wären umsonst gewesen. Sie sind in ihrem Unglück nämlich resistent gegen jede moralische Hilfe.

Der Titularrat Marmeladow in *Schuld und Sühne* beispielsweise ist ein heilloser Trinker.[49] Er lässt es zu, dass seine Familie im Elend lebt, und zwingt sogar seine Tochter, als Prostituierte zu arbeiten. Marmeladow weiß, wie schäbig er sich benimmt und dass er allein schuld ist an seinem verpfuschten Leben. Aber er ändert sich nicht. Kaum hat er ein wenig Geld in der Hand, versäuft er es wieder. Alle Appelle an seine Ehre und Selbstachtung nützen nichts. Als er wieder einmal betrunken ist, träumt er von einem Reich Gottes, in das nicht nur die »Guten und Gerechten« aufgenommen werden, sondern auch die »Huren, die Trinker, die Sünder«. Und sie werden von Gott angenommen, weil auch sie »würdig« sind. Was sich Marmeladow erhofft, ist Vertrauen. Vorwürfe, Anklagen und Moralpredigten helfen ihm nicht nur nicht, sie sind sinnlos und bewirken nur das Gegenteil.

Dostojewski zeigt in seinen Büchern die Kluft zwischen dem, was Menschen sein sollen und sein wollen, und dem, was sie wirklich sind und tun, die Kluft mithin zwischen ethischen Forderungen und der Realität. Diese Kluft wird besonders deutlich in Zeiten, in denen die hochgehaltenen Werte einer Gesellschaft nichts mehr wert sind und die Menschen mit Waffen übereinander herfallen. Es war während der Materialschlachten des Ersten Weltkriegs, als der Dichter Hermann Hesse seinen Glauben an die Moral und an die Vernunft endgültig verloren hat. Die Aufrufe der Politiker und die gut gemeinten Appelle der Pazifisten waren für Hesse völlig realitätsfremd. Für ihn entspringen die Handlungen eines Menschen nur zu einem kleinen Teil vernünftigen Überlegungen.[50] Jemand könne völlig von der Unsinnigkeit seines Handelns überzeugt sein und es doch aus vollem Herzen tun. Verbote und Belehrungen helfen da wenig. Nach Hermann Hesse kommt es darauf an, tiefere Schichten in einem Menschen zu erreichen. Und das vermag nur eine Haltung, die über Vernunft und Moral hinausgeht.

Jesus folgt Johannes nach auch in dem Sinne, dass er ihn hinter sich lässt. Mit ihm kommt etwas Neues. Was dieses Neue ist, das zeigt sich bei Jesus' Taufe im Jordan, wie es in den Evangelien von Matthäus und Lukas erzählt wird.

Nachdem Johannes Jesus getauft hat, öffnet sich der Himmel und eine Stimme ist zu hören, die sagt: »Das ist mein geliebter Sohn, an dem ich Gefallen gefunden habe.« (Mt 3,17) Diese Worte stehen wie ein Motto über dem zukünftigen Lebensweg von Jesus. Sie bekräftigen nochmals die Erfahrung, die der zwölfjährige Junge im Tempel gemacht hat: dass er von einer Kraft getragen wird, die ihm eine Sicherheit gibt, wie sie ihm keine weltliche Bindung geben kann. Und diese Kraft ist keine anonyme, unpersönliche Macht, sie ist wie ein Vater, der sich liebevoll seinem Sohn zuwendet. Jesus nennt Gott ganz unbefangen seinen Vater, er redet ihn sogar liebevoll mit »Abba« an. Niemand im Tempel zu Jerusalem oder in einer Synagoge würde es wagen, Gott so anzusprechen. »Abba« ist wie ein Kosename und bedeutet so viel wie »lieber Vater« oder »Papa«.

Dieser Vater ist für Jesus kein zorniger, strafender Gott, vor dem man Angst haben muss. Der väterliche Gott meint es gut mit den Menschen, er ist ein zutiefst menschenfreundlicher Gott. Zuallererst muss ein Mensch von diesem Vertrauen erfüllt sein, erst dann ist er zu guten Taten fähig. Nicht aus Angst vor einem Gericht oder einer Strafe wird Jesus leben, sondern aus einem unzerstörbaren Vertrauen. Und nur weil er dieses Vertrauen empfangen hat, kann er es auch an andere weitergeben.

Bevor er es aber an andere weitergeben kann, begibt sich Jesus in die Wüste. Warum geht er nicht gleich zu den Menschen? Warum muss er erst diesen Umweg machen? Auch Mose und der Prophet Elia gingen in die Wüste, nachdem sie eine Begegnung mit Gott hatten. Ebenso zog sich der Apostel Paulus nach seinem Damaskus-Erlebnis, als Gott ihm in einem grellen Licht erschien und zu ihm redete, in die Wüste zurück. Für ihn, der sich für ein »zerbrechliches Gefäß« hielt, war diese Begegnung fast zu viel, und er musste dieses überwältigende Erlebnis zunächst für sich verkraften.

Ähnlich ist es mit Jesus. In den stillen Tagen in Nazaret hat sich etwas in ihm vorbereitet, das bei der Taufe am Jordan nun gewaltsam zum Durchbruch gekommen ist. Für Joseph Ratzinger, der als Benedikt XVI. ein Jesus-Buch geschrieben hat, ist die Taufe Jesu »so etwas wie eine formelle Einsetzung in sein Amt«.[51] Und so, wie man in ein übertragenes Amt erst hineinwachsen muss, so muss sich auch Jesus seinen Auftrag erst aneignen. Dem Empfangen folgt die Verarbeitung. Der großen Zusage »von oben« folgt die persönliche Klärung, der Weg ins Innere. Das ist fast wie ein notwendiger Vorgang. Und so sprechen die Evangelisten auch nicht davon, dass Jesus aus eigenem Bedürfnis in die Wüste ging, sondern es war der »Geist Gottes« (Mk 1,12), der ihn in die Wüste trieb.

Heute werden Touristen und Pilger mithilfe der Technik zu jenem Ort gebracht, wo Jesus vierzig Tage lang gefastet haben soll. Eine Seilbahn bringt sie hinauf zu dem griechisch-orthodoxen Kloster, das Ende des neunzehnten Jahrhunderts in den steilen Felshang der judäischen Wüste gebaut worden ist. Ehrfurchtsvoll zeigen die Mönche den Besuchern den Stein, auf dem Jesus gesessen haben soll.

Jesus würde heute wohl diesen Stein meiden, denn er suchte ja die Einsamkeit, die menschenleere Wüste. Und selbst die karge Steinlandschaft der Wüste Judäas war ihm nicht einsam genug. Denn was er suchte, war ein Ort, wo keine fremden Stimmen und Urteile zu ihm drangen, wo er mit sich allein war, wo er sich selbst begegnen konnte. In dieser Versenkung begegnete er noch jemand anderem, einer Gestalt, die man nur in dieser anderen »Wüste« antrifft – dem Teufel. Es ist der Teufel, der Jesus in Versuchung führt. Aber was heißt das?

Die Leute von Qumran haben sich abgeschottet von einer Welt, in der für sie der Fürst der Finsternis herrschte. In ihrem kleinen, heiligen Kreis glaubten sie sich frei von Unreinheit und Sünde. Und der Gefahr, von den Verfehlungen der Ungläubigen angesteckt zu werden, begegneten sie mit dem Schutzschild ihrer strengen Rituale und Vorschriften. Ihre Gemeinschaft hielten sie für rein, die Welt draußen lehnten sie ab, weil sie sie für »verteufelt« hielten.

Jesus hält alles Böse und Teuflische nicht von sich fern. Das »Kampffeld«, auf dem Gott und der Teufel miteinander ringen, so heißt es in einem Roman von Dostojewski, »sind die Herzen der Menschen«.[52] Jesus lässt das Böse an sich heran, um zu erproben, ob er diesen Verführungen standhält oder nicht. Nur wenn er diese Probe besteht, kann er sicher sein, dass das Vertrauen, das er empfangen hat, auch trägt. Und nur wenn er diesen Verführungen widerstehen kann, kann er das auch von anderen verlangen. Ansonsten wäre Jesus ein Blender, der Verständnis nur heuchelt und von Menschen etwas erwartet, was er selbst nicht zu leisten imstande ist. Hier zeigt sich Jesus wieder als »wahrer Mensch«, seine tiefe Verbundenheit mit den Menschen, wie sie auch im Hebräer-Brief beschrieben wird: »Wir haben ja nicht einen Hohenpriester, der nicht mitfühlen könnte mit unserer Schwäche, sondern einen, der in allem wie wir in Versuchung geführt worden ist, aber nicht gesündigt hat.« (Hebr 4,15)

Diese Versuchungen, das sind auch die inneren Stimmen des Zweifels und der Unsicherheit. Der Teufel in den Erzählungen der Bibel will Jesus zu etwas verlocken, was dieser nicht ist. Und er stellt sich dabei sehr geschickt an. Er ist ein Realist, dazu noch ein gebildeter, der aus der Bibel zitieren kann. Was er sagt, hat Hand und Fuß. Und denkt man sich an die Stelle von Jesus, so ist man leicht versucht zu sagen: Warum eigentlich nicht? Indem Jesus diese Angebote abwehrt, macht er deutlich, wer er ist und was er will. Aber wer ist er eigentlich? Was hat er gebracht? Hat er die Welt verändert? Und wenn ja, wie?

Der erste Vorschlag, den der Teufel Jesus macht, ist es, Steine in Brot zu verwandeln. (Mt 4,1-11, Lk 4,1-13) Jesus hat vierzig Tage und Nächte gefastet, da ist es nur natürlich, dass er Hunger hat. Und aus einem Stein einen Laib Brot zu machen, das wäre für den Gottessohn ein Leichtes. Aber der Plan des Teufels geht über Jesus' privates Bedürfnis hinaus. Was er beabsichtigt, ist, dass Jesus sich als Wohltäter zeigt. Er soll alle Menschen mit Brot versorgen, dann würde ihm das Volk zujubeln. Mehr noch: Wenn erst der Hunger in der Welt abgeschafft ist, dann wäre das soziale Problem gelöst und alle Welt würde Jesus als Retter feiern. Die Menschen wollen erst satt werden, dann kannst du ihnen mit Tugend und Freiheit kommen – das ist das Rezept, das der Teufel empfiehlt.

Jesus weigert sich. Und er tut das mit der Begründung, dass der Mensch nicht allein von Brot lebe. In der Tat haben wir heute die technischen Möglichkeiten, die ganze Weltbevölkerung zu ernähren. Trotzdem gibt es in einigen Teilen der Welt eine Überproduktion, während in Ländern vor allem auf der Südhalbkugel Millionen von Menschen verhungern. Obwohl »Brot«, also Nahrungsmittel in Hülle und Fülle vorhanden wäre, bleiben Ungerechtigkeit und Hunger bestehen. Es muss also noch andere Gründe haben, warum Menschen weiter hungern und warum das soziale Problem nicht endgültig gelöst werden kann. Diese tieferen Gründe haben damit zu tun, dass sich Menschen immer wieder als unfähig erweisen, Güter gerecht zu teilen und Mitmenschlichkeit über wirtschaftlichen Nutzen und eigene Vorteile zu stellen. Diese Unfähigkeit hat Jesus im Blick. Um sie geht es ihm.

Jesus wird Hungernden Brot geben. Aber er wird durch sein eigenes Handeln darauf aufmerksam machen, dass es nicht reicht, Menschen materiell zu versorgen. Was er erreichen will, ist Menschen zu heilen, und das ist mehr, als ihnen Brot zu geben. Er will kein Wohltäter sein, kein sozialer Reformer, kein politischer Messias, kein Brotmessias.[53] Was dann?

Die zweite Versuchung des Teufels klingt noch vernünftiger und damit verlockender. Um einen sichtbaren Beweis dafür zu geben, dass er Gottes Sohn ist, soll Jesus von der Zinne des Tempels in Jerusalem herabspringen. Passieren könne ihm nichts, denn schon in der Bibel stehe, dass Engel im Notfall herbeieilen und ihn vor jedem Schaden bewahren würden.[54] Ein Risiko gehe er also nicht ein und der Erfolg sei garantiert. Alle Zweifel und Fragen wären dann hinfällig: Sowohl den einfachen Leuten wie auch den Schriftgelehrten bliebe gar nichts anderes übrig, als zuzugeben, dass nur der Messias ein solches Wunder vollbringen kann.

Jesus sagt wieder Nein. An dieser Art von Wunder liegt ihm nichts. Ein Messias, wie er einer sein will, kann sich nicht mit spektakulären Zirkusnummern beweisen. Ein Messias, wie er einer sein will, drängt sich nicht auf, sondern bietet sich an. Er will die Menschen im Zweifel über sich lassen. Sie müssen die Wahl haben, an ihn zu glauben oder nicht. Sie sollen ihm freiwillig folgen, nicht erzwungen durch eindeutige Beweise oder Wunder. Jesus will kein Zauberer sein, er will kein Magier-Messias sein.

Der Teufel versucht es ein letztes Mal. Und er fährt schweres Geschütz auf. Er führt Jesus auf einen Berg und zeigt ihm alle Reiche dieser Welt, und die Vision, die er Jesus vor Augen führt, ist wirklich überwältigend. Jesus soll der Herrscher über all diese Länder werden. Der Teufel kennt die Menschen, und er weiß, dass sie von dem Bedürfnis beherrscht werden, andere Menschen zu unterwerfen, bis die Welt eine einzige Gemeinschaft ist, ein großes und einheitliches Reich.

Jesus könnte diese Utopie Wirklichkeit werden lassen. Er könnte das geistige Oberhaupt und der politische Führer sein. Er gäbe den Menschen Brot und er würde bestimmen, was gut und böse ist und an was die Menschen glauben sollen. Alle Länder und Völker wären vereint zu einem Weltreich, das nach einem Willen regiert wird. Vorher müsste freilich ein Krieg gegen die Widerspenstigen und Ungläubigen geführt werden. Jesus stünde dann an der Spitze eines Heeres, einer Armee der »Kinder des Lichtes«, wie es sich die Qumran-Leute vorstellen. Wäre diese Schlacht erst gewonnen, dann würde eine Welt erstehen voll Glück und Frieden.

Jesus weist auch dieses Angebot zurück. Darauf einzugehen, würde bedeuten, seine Seele an den Teufel zu verkaufen. Denn nichts ist ihm wichtiger als die Freiheit der Menschen und ihr Recht, über sich selbst zu bestimmen. Ein großes Weltreich wäre nichts anderes als eine religiöse und politische Diktatur. Und Jesus will kein Diktator sein. Er will, dass die Veränderung der Welt durch die Veränderung des Einzelnen geschieht.

Fjodor Dostojewski hat diese Geschichte von Jesus und dem Teufel weitergesponnen, in der Erzählung vom Großinquisitor.[55] Darin kommt Jesus noch einmal auf die Welt, im sechzehnten Jahrhundert in der südspanischen Stadt Sevilla, zu einer Zeit, als die heilige Inquisition Tausende von Ketzern verbrennen ließ. Jesus wird von den Menschen sofort erkannt. Er heilt einen blinden Mann und erweckt ein totes Mädchen zum Leben. Als der greise Kardinal und Großinquisitor das sieht, lässt er Jesus sofort ergreifen und in den Kerker werfen.

In der Nacht besucht der Kirchenmann den Gefangenen und will ihm klarmachen, warum Jesus stört und wieder verschwinden muss. Jesus habe nämlich immer nur die Freiheit der Menschen gewollt, auch die Freiheit, zwischen Gut und Böse zu unterscheiden. Damit aber habe er die Menschen, die von Natur aus schwach und ängstlich sind, maßlos überfordert. Als damals Jesus in der Wüste vom Teufel versucht worden ist, habe der Teufel die Menschen besser gekannt, und seine Vorschläge seien das einzige Rezept, die Menschen glücklich zu machen.

Für die Menschen, so erklärt es der Großinquisitor, ist es nämlich eine Qual, frei zu sein. Sie werden immer bereit sein, lieber Brot als die Freiheit zu wählen. Und sie werden sich immer jenen unterwerfen, die ihnen ihre Freiheit abnehmen und ihnen sagen, was sie zu tun und zu lassen haben und was gut und böse ist. Darum haben Menschen wie der Großinquisitor, die das Erbe Jesu verwalten, den Menschen im Namen Jesu diese unerträgliche Verantwortung, die Jesus verlangte, abgenommen und ihnen zu einem zwar unfreien, aber glücklichen und zufriedenen Leben verholfen. Nach Überzeugung des Großinquisitors hat der Teufel die Menschen besser verstanden und mehr geliebt als Jesus. Denn er wusste, dass Jesus die Menschen überfordert, und sie nichts mehr wünschen, als von der Freiheit, die Jesus ihnen geben will, befreit zu werden, um ein gesichertes Leben in materieller Sicherheit und ohne dauernde Gewissensqualen zu führen.

In Dostojewskis Geschichte schweigt Jesus die ganze Zeit über. Als der Großinquisitor mit seiner langen Rede zu Ende ist, will er, dass Jesus etwas erwidert. Aber der tritt nur auf den alten Mann zu und küsst ihn, wie es heißt, auf die »blutleeren neunzigjährigen Lippen«. Der Greis fährt zusammen und seine Mundwinkel zucken. Dann öffnet er Jesus die Tür des Kerkers und fordert ihn auf, zu gehen und niemals wiederzukommen.

Auch in der biblischen Geschichte ist der Teufel in der Wüste mit seinem Latein am Ende. Er lässt Jesus in Ruhe – vorläufig jedenfalls. Nach der Begegnung mit dem Teufel hat Jesus Johannes hinter sich gelassen und mit ihm auch den Geist der Sekte von Qumran. Im Unterschied zu Johannes bleibt er nicht in der Wüste und wartet, dass die Menschen zu ihm kommen. Vielmehr geht er zu den Menschen und durchwandert dabei die Dörfer und Landstriche. Aber als was tritt er auf? Er ist kein sozialer Reformer, kein Wunderrabbi, kein politischer Messias. Was aber dann? Und was ist seine Botschaft?

6.

Tage in Kafarnaum

Nach seiner Taufe und der Begegnung mit dem Teufel in der Wüste kehrt Jesus nach Galiläa zurück. Er nimmt den Weg entlang dem Jordan zum See Gennesaret, der auch See von Tiberias, »das Meer von Galiläa« oder einfach nur »der See« genannt wurde. Drei bis vier Tage braucht man zu Fuß für diese Strecke. Kurz vor dem See, dort, wo der Fluss Jarmuk in den Jordan fließt, trifft er auf zwei junge Männer. Sie sind Anhänger des Täufers Johannes und haben gehört, was ihr Meister über diesen Mann aus Nazaret gesagt hat. Ihre Neugier können sie nun nicht mehr bändigen. Doch Jesus anzusprechen, das trauen sie sich nicht. Also gehen sie schweigend hinter ihm her. Nach einer Zeit dreht sich Jesus plötzlich um und fragt die beiden, was sie wollten. »Rabbi«, stottern sie verlegen, »wo wohnst du?« »Kommt und seht!«, sagt Jesus. (Joh 1,35-39)

Wo Jesus wohnte, das wird in der Bibel nicht gesagt. Nazaret wird er nicht gemeint haben, denn das war zu weit entfernt. Vielleicht wollte er den jungen Bewunderern nur zeigen, dass er, der »Menschensohn«, wie er sich später nannte, kein Zuhause hat oder überall zu Hause ist.

Einer der beiden Männer, die Jesus gefolgt waren, hieß Andreas. Er hatte einen Bruder namens Simon oder Simon Petrus, wie er auch genannt wurde. Andreas erzählte seinem Bruder begeistert von seinem Treffen mit diesem Mann aus Nazaret, und er wollte unbedingt, dass auch Simon ihn kennenlernt. Eines Tages nahm er Jesus mit nach Kafarnaum, einem kleinen Fischerdorf am Nordufer des Sees Gennesaret, wo Simon und Andreas lebten. Simon scheint von Jesus augenblicklich beeindruckt gewesen zu sein. Auch er wurde ein Anhänger von Jesus oder ein Jünger, wie man später sagte.

So wird im Johannesevangelium die Berufung der ersten Jünger geschildert. In den Berichten des Markus und des Matthäus verläuft die Begegnung Jesu mit den Fischern vom See Gennesaret dramatischer. (Mt 4,18-22, Mk 1,16-20) Jesus geht am Ufer entlang und sieht, wie die Brüder Petrus und Andreas ihre Netze auswerfen. Jesus sagt zu ihnen einfach nur: »Kommt her! Folgt mir nach! Ich will euch zu Menschenfischern machen«, und Andreas und Petrus lassen alles stehen und liegen und schließen sich tatsächlich Jesus an. Als sie zusammen weitergehen, treffen sie auf eine andere Gruppe von Fischern. Es ist ein älterer Mann namens Zebedäus mit seinen Söhnen Jakobus und Johannes. Sie sitzen in einem

Boot und bessern ihre Netze aus. Auch die zwei jungen Männer fordert Jesus auf, mit ihm gehen. Und die Brüder steigen aus dem Schiff, lassen ihren Vater alleine zurück und laufen Jesus nach.

Es ist erstaunlich, welche Wirkung Jesus in diesen Geschichten auf Menschen hat. Offenbar ging eine besondere Faszination von ihm aus, von der Menschen augenblicklich gepackt wurden und die sie dazu brachte, ihr bisheriges Leben »sogleich«, wie es immer heißt, aufzugeben. Aber ist das, was Jesus tat, nicht völlig verantwortungslos? Immerhin stürzte er die armen Fischer in die Arbeitslosigkeit und er zerriss ihre Familien. Petrus war verheiratet. Wer kümmerte sich nun um seine Familie? Wer sorgte für den Lebensunterhalt? Wie sollte man die hohen Steuern und Abgaben, die von den Römern erhoben wurden, in Zukunft bezahlen? Und dem Fischer Zebedäus und seiner Frau Salome wurden ihre Kinder weggenommen, auf die sie im Alter auch aus wirtschaftlichen Gründen angewiesen waren. Und das alles nur, weil sie einem wildfremden Mann nachliefen, der nicht einmal ein berühmter Schriftgelehrter war, der selber nichts hatte und seinen Anhängern keine Zukunft bieten konnte.

Auf der Suche nach seinen Begleitern erwies sich Jesus als radikal. Von Anfang an machte er deutlich, dass es für ihn Wichtigeres gibt als den gesicherten Arbeitsplatz und die Familie. Und das waren keine abstrakten Forderungen, sondern es waren Überzeugungen, die Jesus mit seinem Auftreten, mit seiner Person ausstrahlte. Es muss ein Gefühl von Freiheit, von Weite und Unabhängigkeit gewesen sein, das von ihm ausging und von dem die Fischer vom See Gennesaret wie von einem Sturmwind erfasst wurden.

Die Aufforderung, ihm nachzufolgen, war für Jesus viel mehr als nur die Bitte, sich ihm anzuschließen. Es war das Angebot, sich für eine andere Lebensform zu entscheiden. Die Menschen, die Jesus so ansprach, sollten die Maßstäbe ihres bisherigen Lebens aufgeben und sich von nun an ganz einem Gott anvertrauen, der es gut mit ihnen meint. Die Entscheidung für diesen menschenfreundlichen Gott und damit für ein anderes Leben duldet keine Halbheiten, keine Rückversicherung und kein Wenn und Aber. Jesus war in dieser Frage von unerbittlicher Härte.

Als er später einmal einen jungen Mann auffordert, ihm nachzufolgen, möchte der sich erst von seiner Familie verabschieden. Jesus lässt das nicht zu. Jemand, der zurücksieht, so meint er, ist für das Reich Gottes nicht geeignet. Selbst als ein anderer junger Mann, der bereit ist zur Nachfolge, noch vorher seinen verstorbenen Vater beerdigen will, zeigt Jesus kein Verständnis und schon gar kein Mitgefühl. »Lass die Toten ihre Toten begraben!«, antwortet er ihm schroff. (Lk 9,57-62) Wenn es also darum geht, ein neues Leben, wie Jesus es verspricht, zu ergreifen, dann dürfen auch familiäre Bande und soziale Verpflichtungen keine Rolle mehr spielen. Lass die Vergangenheit hinter dir, so scheint Jesus zu sagen, das Leben, das auf dich wartet, ist tausendmal wichtiger.

Kein Wunder also, wenn Jesus nicht nur auf begeisterte Anhänger traf, sondern auch auf Ablehnung, ja Hass. Nicht anders war es in Kafarnaum. Seine neuen Freunde und »Jünger« Petrus, Andreas, Jakobus und Johannes lebten hier und sie nahmen Jesus bei sich auf. Im Haus von Petrus wohnte auch seine Schwiegermutter, von der berichtet wird, dass sie mit hohem Fieber auf ihrem Lager lag. Ob dieses Fieber auch mit den verrückten Plänen ihres Schwiegersohnes zusammenhing? Für die Familie des Petrus war das Auftauchen des fremden Predigers nicht weniger als eine Katastrophe. Seine Frau, seine Kinder sollten nun ohne den Ehemann, Vater und Ernährer auskommen. Dass diese Nachricht im Hause des Petrus für Aufregung, ja Panik sorgte, ist verständlich. Und nun hatte Petrus diesen Jesus auch noch in sein Haus eingeladen. In den Schilderungen dieser Szene wird angedeutet, dass die Schwiegermutter des Petrus sich weigerte, diesen Gast zu empfangen und zu bewirten, wie es die Gastfreundschaft eigentlich gebot.

Der Besuch verlief dann doch ganz anders. Jesus trat an das Lager von Petrus' Schwiegermutter, er nahm ihre Hand und das Fieber ging zurück. Die Frau stand auch sofort auf und »sorgte für ihn«, so heißt es. (Mt 8,14-15;

parallel bei den anderen Synoptikern) Offenbar waren mit dem Fieber auch ihr Groll und ihre Abneigung verschwunden. Jesus wurde herzlich aufgenommen, und das Haus des Petrus wurde für ihn wie ein neues Zuhause, in das er von seinen Wanderungen immer wieder gerne zurückkehrte.

Das Dorf Kafarnaum lag am östlichen Rand jenes Territoriums, das vom Herodes-Sohn Antipas regiert wurde, der sich jetzt Herodes Antipas nannte. Der Jordan, der hier in den See Gennesaret floss, bildete die Grenze zu jenem Gebiet, über das sein Bruder Philippus herrschte. Es gab eine Zollstation, wo Beamte den Warenverkehr kontrollierten. Und die römische Armee hatte hier einen Posten eingerichtet, mit einem Hauptmann an der Spitze, der vermutlich ein »Gottesfürchtiger« war, so nannte man jene Heiden, die mit dem Judentum sympathisierten.

Aufgrund von Ausgrabungen kann man sich heute gut vorstellen, wie das Leben in Kafarnaum ausgesehen hat, als Jesus dort wohnte.[56] Es gab eine bescheidene Synagoge und gleich daneben sogenannte Wohninseln. Das waren kleine, aneinandergebaute Häuser, die durch enge Innenhöfe und Durchgänge verbunden waren. An die fünfzehn Familien und ganze Sippen lebten hier zusammen und bildeten so etwas wie eine große Wohngemeinschaft, zu der auch Schafe, Ziegen und Hühner gehörten. Die aus unbehauenen Basaltsteinen gebauten Häuser bestanden meist nur aus einem Raum, in den Licht nur durch die offene Tür fiel. Zum Wohnraum gehörte auch das Dach, auf dem Flachs oder Fische getrocknet wurden oder wo man in Sommernächten schlief. Von dort oben konnte man beobachten, was in den Nachbarhöfen vor sich ging, und wenn es Neuigkeiten gab, konnte man sich die zurufen, sozusagen von Dach zu Dach.

Die Archäologen glauben, auch das Haus des Petrus gefunden zu haben. Jedenfalls deuten freigelegte Graffiti darauf hin, dass dieser Ort, wo später eine Kirche gebaut worden ist, schon sehr früh verehrt wurde. Das Haus des Petrus wird auch nicht anders ausgesehen haben als die anderen Hütten in Kafarnaum, vielleicht ein wenig größer, denn offenbar musste hier eine Großfamilie Platz finden. Zu dieser Familie gehörte nun auch Jesus, der von seinen Wanderungen immer wieder hierher zurückkam. Ein eigenes Zimmer hat er sicher nicht gehabt. Er musste sich den engen Raum mit vielen Menschen teilen.

Allmählich sprach es sich herum, dass dieser Jesus ganz unglaubliche Taten vollbracht hatte. Nicht nur hatte er die Schwiegermutter des Petrus allein durch die Berührung mit seiner Hand wieder gesund gemacht, auch andere Kranke waren auf wundersame Weise von ihm geheilt worden. Und auf sein Wort hin soll Petrus so viele Fische gefangen haben, dass beinahe die Netze gerissen wären. (Lk 5,6) Solche Geschichten hatten zur Folge, dass von überall her Leute mit allen möglichen Krankheiten und Sorgen nach Kafarnaum kamen.

Einmal war der Andrang so groß, dass sogar der Platz vor der Tür verstopft war und niemand mehr hinaus noch hinein konnte. Plötzlich fiel von oben Stroh und Staub auf Jesus und seine Freunde herab. Ein Loch tat sich auf in der Decke, das immer größer wurde, und dann senkte sich mit einer Staubwolke langsam eine Trage zu ihnen herab. Weil sie sich nicht anders zu helfen wussten, hatten Leute das Hausdach abgedeckt und einen gelähmten Mann auf der Trage zu Jesus hinuntergelassen.

Jesus war beeindruckt vom Vertrauen dieser Leute, selbst wenn es bloß die verzweifelte Hoffnung war, dass nur noch er helfen könne. Dieses Vertrauen gehörte für Jesus zum Glauben. »Mensch«, sagte er zu dem Gelähmten auf der Trage, »deine Sünden sind dir vergeben.« Und dann forderte er ihn auf, sich zu erheben, sein Bett zu nehmen und nach Hause zu gehen. Und tatsächlich stand der Mann auf, nahm die Trage und bahnte sich damit einen Weg durch die Menge. (Lk 5,17-26)

Alle, die diese Heilung mit eigenen Augen gesehen hatten, staunten über dieses Wunder. Aber Wunderheiler gab es viele zu jener Zeit. So außergewöhnlich war das nicht. Was die Leute wirklich betroffen machte, war die Art, wie Jesus auftrat und wie er lehrte. Wenn ein normaler Rabbi die Schrift auslegte, dann wägte er die verschiedenen Lehrmeinungen sorgfältig gegeneinander ab. Und wenn er zu einem Schluss kam, war das nicht seine eigene Meinung, sondern er berief sich auf die Autorität der Väter, etwa darauf, was Mose gesagt hatte. Sogar die Propheten sahen sich als menschliche Werkzeuge Gottes und nahmen sich selbst nicht wichtig.

Jesus dagegen benahm sich so, als ob mit seiner Person Gott höchstpersönlich anwesend wäre. Er zeigte wenig Respekt vor den Lehren der »Alten«. Er zitierte zwar Mose und die Propheten, setzte aber sein eigenes Wort dagegen. »Amen, *ich* aber sage euch«, so leitete er oft seine Rede ein und behauptete damit, dass sein Urteil richtiger und wichtiger war als das eines Mose oder eines Propheten. Jesus berief sich nicht auf eine menschliche Autorität, sondern er sprach für sich oder aus sich. Dabei zeigte er nicht dauernd auf sich und stellte seine eigene Person in den Vordergrund. Sein Ich setzte er gleich mit dem Ich Gottes. Und damit nicht genug. Er nahm sogar für sich in Anspruch, Sünden vergeben zu können, was für einen rechtgläubigen Juden nur Gott konnte. War es nicht ein ungeheurer Skandal, dass dieser Jesus sich anmaßte, im Namen Gottes zu sprechen? War das nicht Gotteslästerung?

Die Schriftgelehrten jedenfalls, die das Auftreten Jesus' in Kapernaum beobachteten, waren entsetzt. Wie konnte ein normaler Mensch reden und handeln, als wäre er Gott? Die naheliegendste Erklärung für sie war, dass es sich hier um einen Betrüger handelte oder um einen wahnsinnigen Hochstapler. Wer dieser Jesus in Wirklichkeit war, das wussten doch alle. Er kam aus Nazaret und war der Sohn eines Zimmermanns. Wahrscheinlich war er eines Tages verrückt geworden und aus seinem Dorf davongelaufen. Hörte man nicht, dass seine Familie auf der Suche nach ihm war?

Maria und ihre Kinder scheinen tatsächlich nach Jesus gesucht zu haben, offenbar um ihn wieder nach Hause zu holen. Eines Tages fanden sie ihn auch, aber Jesus war wieder in einem Haus von so vielen Menschen umringt, dass sie nicht zu ihm vordringen konnten. Sie ließen nach ihm rufen, und man teilte Jesus mit, dass seine Mutter, Brüder und Schwestern draußen stehen würden und mit ihm reden wollten. Jesus schien keinen Wert darauf zu legen, seine Familie zu sehen. Wie schon der Zwölfjährige in Jerusalem, so zeigte sich der erwachsene Mann auch jetzt wieder äußerst kühl und gleichgültig gegen seine Verwandtschaft. »Wer sind meine Mutter und meine Brüder?«, fragte er in die Runde, und indem er den Blick über seine Begleiter schweifen ließ und auf sie zeigte, antwortete er sich selbst: »Das hier sind meine Mutter und meine Brüder und Schwestern! Denn wer den Willen meines himmlischen Vaters tut, der ist für mich Bruder und Schwester und Mutter.« (Mt 12,46-50 parr)

Sosehr Jesus auf die Menschen zuging und von dem täglichen Andrang manchmal fast erdrückt wurde, so sehr brauchte er auch wieder die Stille und die Einsamkeit. Nach einem solchen Tag mit vielen Gesprächen und Begegnungen stand er schon früh morgens auf, als es noch stockdunkel war, und ging aus Kafarnaum hinaus an einen stillen Ort, um für sich zu sein. Die Einsamkeit war seine Kraftquelle. Es war, als würde er in der Stille auf eine innere Stimme lauschen, auf die Stimme Gottes, von der er immer wieder aufs Neue in seiner Sendung bekräftigt wurde. Gegenüber seinem Vater war Jesus ein Hörender. Alles, was er war, hat er von seinem Vater empfangen. Und das war gleichzeitig die Voraussetzung dafür, ganz für Menschen da zu sein. Empfangen und Geben, totale Ausrichtung auf Gott und tiefste Mitmenschlichkeit gehörten für ihn zusammen.

Als Simon und die anderen Freunde bemerkten, dass Jesus nicht auf seiner Schlafstelle lag, gingen sie ihm nach und fanden ihn außerhalb von Kafarnaum. Sie baten ihn, wieder mit ins Dorf zu kommen, denn es wurde schon wieder nach ihm gefragt. (Lk 4,42-44) Aber Jesus wollte nicht. Er wollte Kafarnaum verlassen und zu den benachbarten Orten gehen, um dort zu den Leuten zu sprechen, und er forderte seine Freunde dazu auf, ihn zu begleiten.

Und so brach eine kleine Schar von Gefährten auf, mit Jesus durch Galiläa zu ziehen. Es war ein seltsamer Haufen, der sich da auf den Weg machte. Jesus war kein Rabbi, der eine Predigtreise machte und seine Zuhörer in der Auslegung der Schrift unterrichtete. Und seine Begleiter waren keine Schüler, die sich einen berühmten Meister zum Lehrer erwählt hatten. Es waren Männer, die gewohnt waren, hart zu arbeiten, Fische zu fangen oder ein Handwerk auszuüben. Sie waren nicht reich, sondern eher arme Schlucker, Angehörige des einfachen, ungebildeten Volkes, auf das die Schriftgelehrten mit großer Verachtung herabsahen.[57]

Simon Petrus und sein Bruder Andreas gehörten zu diesem Kreis.[58] Und auch die Brüder Johannes und Jakobus ließen ihre Heimat und ihre Eltern hinter sich. Jesus nannte sie »Donnersöhne«, weil manchmal ihr Temperament mit ihnen durchging und sie am liebsten Feuer vom Himmel fallen lassen wollten, um ihre Feinde zu vernichten. Auch ein anderer junger Mann, der sich Jesus anschloss, zeichnete sich nicht durch ein sanftes Gemüt aus. Er hieß ebenfalls Simon und erhielt den Spitznamen »der Eiferer«, weil er mit den Zeloten sympathisierte, die allein Gott gehorchten und die verhassten Römer mit Gewalt aus dem Land jagen wollten. Wesentlich zurückhaltender war da schon der junge Philippus, der immer etwas zögerlich war und sich erst einen Ruck geben musste, ehe er sich auf dieses Abenteuer einließ.

Denn ein Abenteuer war es, das Jesus und seiner Schar bevorstand, und kein ungefährliches. Das dürfte ihnen spätestens klar geworden sein, als sie hörten, dass Johannes der Täufer von Herodes Antipas gefangen genommen und hingerichtet worden war. Flavius Josephus berichtet, dass Antipas den Johannes rechtzeitig aus dem Weg räumen wollte, ehe sein Einfluss bei den Menschen zu groß wurde und es zu einem Aufstand kam.[59]

Nach den biblischen Zeugnissen waren noch andere Gründe im Spiel. (Mt 14, 1-11) Johannes hatte Antipas in aller Öffentlichkeit angeklagt, weil dieser Herodias, die Frau seines Bruders, geheiratet und damit gegen das Gesetz verstoßen hatte. Herodias verzieh ihm das nicht und überredete Antipas dazu, Johannes in Ketten legen zu lassen. Antipas hatte Ehrfurcht vor Johannes und wollte ihn eigentlich schützen. Aber bei einem Festmahl verdrehte ihm Salome, die Tochter der Herodias, mit ihrem Tanz so sehr den Kopf, dass er ihr jeden Wunsch erfüllen wollte. Und Salome verlangte den Kopf des Täufers auf einer Schale. Dieser Wunsch wurde ihr erfüllt.

Jesus war gewarnt, zumal es Gerüchte gab, die besagten, dass Antipas schon auf diesen Mann aus Nazaret, der sich auf seinem Herrschaftsgebiet herumtrieb, aufmerksam geworden war und ihn für einen Nachfolger des Johannes hielt. Antipas war für Jesus ein »Fuchs«[60], womit er vermutlich darauf anspielen wollte, dass Antipas jede Gelegenheit nutzte, sich beim Kaiser Tiberius einzuschmeicheln und die römischen Präfekten im Land anzuschwärzen. Besonders auf Pontius Pilatus hatte es Antipas abgesehen. Pilatus hatte Schilder mit den Anfangsbuchstaben des Kaisers an der Burg Antonia in Jerusalem aufhängen lassen und damit schwere Unruhen ausgelöst. Antipas machte sich zum Sprecher des Protestes und erreichte, dass Pilatus auf Befehl des Kaisers die Schilder wieder entfernen musste. Antipas hatte damit gezeigt, dass er sich mit den jüdischen Sitten und Empfindlichkeiten besser auskennt als Pilatus, der nicht nur in diesem Fall das nötige Fingerspitzengefühl vermissen ließ.

Antipas hatte seine Residenz schon vor Jahren von Sepphoris an den See Gennesaret verlegt. Am landschaftlich reizvollen Westufer des Sees, wo ein mildes Klima herrschte, hatte er eine neue prächtige Stadt erbauen lassen, die er zu Ehren des Kaisers Tiberias nannte. Allerdings lag die Stadt auf dem Gelände eines ehemaligen Friedhofes, weshalb es für gesetzestreue Juden ein unreiner Ort war, den man nicht betreten durfte. Antipas musste Menschen aus allen Teilen des Landes zwingen, sich in Tiberias anzusiedeln. Es wurden sogar Häuser für Bettler gebaut, um sie in die Stadt zu locken.

Jesus machte einen weiten Bogen um die großen Städte wie Tiberias und Sepphoris. Mag sein, dass der Boden für ihn dort zu heiß war. In erster Linie aber wollte er zu den einfachen Leuten auf dem Lande, die in den Dörfern Galiläas lebten. In einem Dorf wie Kana beispielsweise, wo Jesus mit seinen Jüngern auftauchte. Inzwischen hatte sich die Gruppe vergrößert. Ein Mann namens Natanael war dazugestoßen, ein kritischer Geist, der zunächst nicht fassen konnte, dass aus einem Nest wie Nazaret etwas Gutes kommen kann. Er selbst kam aus Kana und hat vielleicht Jesus in sein Heimatdorf eingeladen, wo gerade eine Hochzeit stattfand. (Joh 2,1-12)

Jesus und seine Begleiter nahmen an dem Fest teil. Und auch seine Mutter und seine Geschwister waren unter den Gästen, was sich möglicherweise damit erklären lässt, dass Braut oder Bräutigam zur Verwandtschaft gehörten. In der Schilderung des Evangelisten Johannes ist Jesus' Verhältnis zu seiner Mutter weiter frostig und gereizt. Als Maria ihren Sohn darauf hinweist, dass den Gastgebern der Wein ausgegangen ist, schnauzt er sie an: »Was willst du von mir, Frau?« Doch dann lässt er sich doch überreden, etwas gegen den Notstand zu tun. Jesus war kein Spielverderber, und im Gegensatz zu Johannes dem Täufer war er auch kein Asket, der sich von Heuschrecken und Honig ernährte. Jesus mochte Leute nicht, die sich kasteiten und fasteten, nur um ihre Frömmigkeit zu beweisen. Er selbst aß und trank gern, wenn sich dazu die Gelegenheit bot. Engherzige und kleinkarierte Gesetzeshüter drehten ihm daraus wieder einen Strick und nannten ihn einen »Säufer und Fresser« (Lk 7,34).

Auf der Hochzeit zu Kana weist Jesus die Bediensteten an, steinerne Krüge mit Wasser zu füllen. Als der für das Essen und Trinken zuständige Zeremonienmeister davon probiert, stellt er fest, dass es sich um einen guten Wein handelt, viel besser als derjenige, den die Hochzeitsgäste zuvor serviert bekommen hatten.

Zu diesem Weinwunder gibt es unzählige Erklärungen. Manche haben versucht, dieses Ereignis ganz vernünftig zu deuten, etwa indem sie behaupteten, der Wein, der so geheimnisvoll in die Krüge kam, sei in Wahrheit nichts anderes gewesen als das Hochzeitsgeschenk von Jesus und seiner Familie an das Brautpaar. Andere Theologen lesen diese Geschichte rein symbolisch und sehen darin einen Hinweis auf das letzte Abendmahl, bei dem Jesus Wein in sein Blut verwandelt.[61]

Wie auch immer. Jedenfalls hat Jesus auf dieser Hochzeitsfeier für einigen Wirbel gesorgt und auf sich aufmerksam gemacht. Auch das Dorf Kana hat davon profitiert, bis heute ist es ein Ziel vieler Touristen und Pilger. Kfar Kanna, wie der Ort heute heißt, liegt auf dem »Jesus Trail«, der von Nazaret nach Kafarnaum führt. Wer Jesus auf sportliche Weise nachfolgen will, der kann diese Strecke zu Fuß in vier Tagen zurücklegen. In Kfar Kanna trifft er dann nicht nur auf Wanderer, sondern auf viele Busse, die sich vor der »Hochzeitskirche« stauen. Überall wird der »Wedding Wine« angeboten und dann zu Geld verwandelt. Und in der Kirche sammeln sich viele Paare, die diesen besonderen Ort nutzen, um ihr Hochzeitsversprechen zu erneuern.

Im Vergleich zu den späteren Heilungswundern war die Verwandlung von Wasser zu Wein für Jesus eine leichte und feucht-fröhliche Übung. Dass solche Wunder nicht zwangsläufig dazu führten, dass die Menschen Jesus als Messias verehrten und seinen Worten glaubten, das wird in den Evangelien immer wieder betont. Jesus war angewiesen auf das Vertrauen der Leute, oder mit einem anderen Wort: auf ihren Glauben. Nur bei Menschen, die ihm dieses Vertrauen entgegenbrachten, konnte er auch Wunder wirken. Umgekehrt blieben Wunder dort aus, wo dieser Glaube fehlte.

Das sollte Jesus in drastischer Weise erfahren, als er das erste Mal wieder in seinem Heimatdorf Nazaret war. (Lk 4,16-30) Es war ein Sabbat, und Jesus ging in die Synagoge, die er schon seit Kindertagen kannte. Nachdem der vorgeschriebene Text aus der Heiligen Schrift verlesen worden war, ließ sich Jesus die Rolle des Propheten Jesaja reichen. Denn er hatte wie jeder jüdische Mann das Recht, aus der Schrift vorzulesen und darüber zu predigen. In dem Text des Propheten wird das Kommen eines Messias am Ende der Zeit angekündigt.

Nach der Lesung rollte Jesus die Schriftrolle zusammen und setzte sich, wie es üblich war, wieder hin, um über den gehörten Text zu predigen. Es war totenstill und alle Augen waren auf ihn gerichtet. Man kann sich vorstellen, wie überrascht die Leute waren, als Jesus nun sagte: »Heute hat sich das Schriftwort, das ihr eben gehört habt, erfüllt.«

Zunächst staunten die Gottesdienstbesucher, wie klug Jesus redete, und sie konnten es gar nicht fassen, dass dies der Sohn des Zimmermanns war, den sie alle kannten und der unter ihnen aufgewachsen war. Aber an diesem Stolz der Dorfgemeinschaft auf ihren besonderen Sohn schien Jesus nicht gelegen gewesen zu sein. Er sprach weiter, und aus der Bewunderung wurde Unbehagen und Zorn. Man hatte erwartet, dass Jesus tröstende Worte darüber sagt, wie Gott wirken wird, wenn er einmal kommt, wie er Armen hilft, die Unterdrückten befreit und die Kranken heilt. Das hätte man verstanden und für angemessen empfunden.

Jesus aber redete nicht darüber, wie gut und schön die Welt sein könnte oder einmal werden wird. Arme, Kranke und Gefangene gab es für ihn jetzt. Und Hilfe für sie alle gab es ebenfalls schon jetzt. Und er deutete an, dass er derjenige ist, der diese Hilfe ist, nicht irgendwann und möglicherweise, sondern jetzt.

Das war mehr, als die Leute in Nazaret vertragen konnten. Was Jesus da sagte, ging ihnen viel zu nahe. Und wer war er denn, dass er sich für einen Heilsbringer halten konnte? Er war doch der Sohn des Josef, seine Mutter und seine Geschwister lebten im Dorf. Was bildete er sich ein, sie so zu belehren und sich als etwas Besseres aufzuspielen! Wenn er wenigstens ein paar Wunder gewirkt hätte wie in anderen Orten Galiläas, dann hätte man ihn bewundern und feiern können. Aber selbst das tat er nicht. Aus Ärger wurde Zorn: Die Leute sprangen auf und trieben Jesus zum Ort hinaus bis zu einem Abhang, wo sie ihn hinabstürzen wollten. Aber plötzlich schienen sie völlig machtlos. Jesus schritt einfach mitten durch die Menge hindurch und ging aus Nazaret hinaus.

7.

Der sanfte Rebell

Jesus hielt sich die meiste Zeit in Galiläa auf. Nur ab und zu verließ er diese Gegend. Wie oft er in Jerusalem war, darüber gibt es unterschiedliche Angaben. Nach den Evangelisten Matthäus, Markus und Lukas, die man wegen ihrer Ähnlichkeit »Synoptiker« nennt, war Jesus nur einmal in der jüdischen Hauptstadt, gegen Ende seines Lebens. Der Evangelist Johannes, der sich von den Synoptikern inhaltlich erheblich unterscheidet, berichtet von mehreren Jerusalembesuchen, einer davon steht ganz am Anfang seines Wirkens.

Ein Ereignis, das sich im Tempel zu Jerusalem abspielte, wird allerdings in allen vier Evangelien geschildert. Dieser Zwischenfall zeigt Jesus von einer ganz anderen Seite. Der sonst so sanftmütige Mann aus Nazaret, der nur mit dem Wort kämpft und der zu jeder Form von Gewalt unfähig scheint, tritt plötzlich aggressiv auf und wird handgreiflich. Der äußere Rahmen ist das Passahfest in Jerusalem, zu dem jedes Jahr Tausende von Pilgern in die Stadt strömen. Als Jesus den riesigen Vorhof des Tempels betritt, sieht er die Tische und Stände der Geldwechsler und die Käfige und Verschläge mit den Tauben und Schafen, die als Opfertiere verkauft werden. (Joh 2,13-22 parr)

Beim Anblick dieser heiligen Geschäftemacherei packt Jesus der heilige Zorn. Er stößt die Tische, Hocker und Käfige um, schlägt mit einem Strick auf die Geldwechsler und Verkäufer ein und schreit sie an, dass sie von hier verschwinden sollen, denn sie hätten aus dem Haus seines Vaters eine Räuberhöhle und ein Kaufhaus gemacht.

Dieser Wutanfall sorgt natürlich für Aufsehen. Die Tempelpolizei greift sofort ein und Jesus wird von den Vorstehern der Juden zur Rede gestellt. Wer er eigentlich glaube zu sein, fragen sie ihn, dass er sich hier aufführe wie ein wild gewordener Prophet. »Brecht diesen Tempel ab und in drei Tagen werde ich ihn wieder aufrichten«, antwortet ihnen Jesus. Alle, die das hören, halten eine solche Voraussage natürlich für blanken Unsinn. Fast fünfzig Jahre hat man bisher am Tempel gebaut und dieser unbekannte Zimmermann aus Nazaret will ihn in drei Tagen errichten? Was für eine Anmaßung! Einige Juden merken sich diese gotteslästerlichen Worte und sie werden sie später gegen Jesus verwenden.

Diese Szene bewahrt davor, Jesus nur als eine weiche, duldsame und liebe Gestalt zu sehen. Der Wutausbruch im Tempel zeigt, dass er auch zornig und kämpferisch sein konnte, und das beweist wiederum, dass Jesus keine abgehobene Himmelsfigur war, sondern ein »wahrer« Mensch, der die ganze Bandbreite der menschlichen Gefühle kannte: von der Trauer und Angst bis zu Freude, Zorn und Wut. Jesus hat sich jeden Augenblick ganz und gar auf Gott eingelassen, seine Verbundenheit mit Gott war total. Gleichzeitig war er ein wirklicher, geschichtlicher Mensch – und zwar ohne die Möglichkeit, aus seinem menschlichen Schicksal auszubrechen und sich in ein Jenseits zu flüchten.

Mit Jesus verhält es sich nicht wie mit einem König, der das Leben seiner Untertanen einmal aus nächster Nähe erfahren möchte und deshalb in normalen Kleidern sein Schloss verlässt und sich unter das Volk mischt. Wenn es ihm zu viel, zu gefährlich oder zu anstrengend wird, kann dieser König jederzeit sein Inkognito aufgeben, er kann wieder ins Schloss zurückkehren oder seine Soldaten holen. Bei Jesus ist das anders. Er schneidet sich jede Möglichkeit ab, sozusagen zurück ins Schloss zu gehen. Er begibt sich unter die Menschen, aber ohne eine Hintertür. Er versagt sich freiwillig jede Chance zum Rückzug. Er bindet sich ein für alle Mal selbst an sein menschliches Schicksal. Und so ist sein Leben nicht nur Spiel oder Schein, sondern echte Solidarität mit den Menschen. Darin liegt seine tiefe Mitmenschlichkeit.

Ob Jesus wusste, dass seine Aktion im Tempel ein direkter Angriff auf die Kaste des Priesteradels war? Die

Sadduzäer gingen aus den vornehmsten Kreisen der Jerusalemer Aristokratie hervor, sie bekleideten die hohen priesterlichen Ämter und verwalteten den Tempelkult. Besonders einflussreich und mächtig war die Familie des ehemaligen Hohepriesters Hannas, dessen Schwiegersohn Kaiphas seit dem Jahr 18 n. Chr. dieses Amt innehatte.

Die Mitglieder der Familie des Hannas hätten es sehr gut verstanden, »Geldgeschäfte zu machen«, heißt es bei Flavius Josephus.[62] Sie kontrollierten so gut wie alles, was mit dem Tempelkult zusammenhing, und schlugen daraus beachtlichen Profit. Auf dem Tempelberg gab es die sogenannten Hannashallen, das waren Kaufhallen und Wechselstuben, die für die Tempelbank arbeiteten und die Pilgermassen mit Tempelgeld, Opfertieren und den damals üblichen Devotionalien versorgten.[63]

Dieser fromme Großbetrieb war ein einträgliches Geschäft. Der religiöse Kult eng verflochten mit priesterlicher Macht und wirtschaftlichen Interessen. Der Tempel war nicht nur ein Ort des Gebetes, sondern auch ein Marktplatz, eine Bank und ein Verwaltungszentrum. Und die Verwalter der Tempelanlage waren die wichtigsten Arbeitgeber in Jerusalem. An die zehntausend Menschen standen in ihrem Dienst oder waren von ihnen abhängig. Für die Pilger in Jerusalem war das ganz normal. Nur für Jesus anscheinend nicht.

In der Tat ist sein Verhältnis zu Gott, wie es sich schon

beim Zwölfjährigen und bei der Taufe am Jordan zeigt, ganz anders als das Gottesbild, wie es im Tempelkult zu Jerusalem zum Ausdruck kommt. Für Jesus ist Gott »Abba«, also wie ein Vater, zu dem er sich wie ein geliebter Sohn verhält, und dessen Vertrauen und Liebe er empfängt ohne jede Einschränkung und ohne jede Vorgabe. Im Tempel dagegen schiebt sich zwischen Gott und den Gläubigen ein ganzer Apparat von Priestern. Gott erscheint unerreichbar und erst durch kostspielige Opfer und Rituale kann man das Wohlwollen der Priester gewinnen und sich dadurch Gott nähern und seine Gunst gewinnen. Frömmigkeit bedeutet in diesem System die korrekte Erfüllung von Gesetzen und die Verrichtung von Opferhandlungen. Nicht die innere Einstellung und das eigene Gewissen zählen, sondern äußere Handlungen. Nicht die Erfahrung eines liebenden Vaters ist vorrangig, sondern die Furcht vor einem Gott, der straft, wenn man ihn nicht durch eigene Leistungen gnädig stimmt.

Das alles greift Jesus an, wenn er im Tempel auf die Händler und Geldwechsler losgeht. Dabei war ihm sicher klar, dass er am ganzen System der Priesterherrschaft und der religiös verbrämten Geldmacherei nichts ändern kann. Aber mit seinem Temperamentsausbruch hat er seinen Standpunkt deutlich gemacht, er hat damit Aufsehen erregt und sich Feinde geschaffen. »Die Hohenpriester aber und die Schriftgelehrten hörten davon und suchten nach einer Möglichkeit, ihn umzubringen«, so heißt es bei Markus. (Mk 11,18) Noch wussten sie nicht, wie sie es anstellen sollten. Denn Jesus hatte inzwischen zahlreiche Anhänger und viele wurden von seinen Worten berührt.

Um nicht zu sehr ins Visier der Tempelbehörde zu geraten, zog sich Jesus immer wieder nach Galiläa zurück. Mehrere Wege kamen dafür infrage. Er konnte durch das Jordantal gehen oder die Straße entlang der Küste nehmen. Der kürzeste Weg führte durch das Bergland von Samarien. Er wurde allerdings von gesetzestreuen Juden gemieden, da zwischen den Juden und den Samaritern eine jahrhundertelange Feindschaft herrschte. Die Samariter verehrten auch den Gott Jahwe, sie hatten jedoch auf dem Berg Garizim einen eigenen Tempel und eigene Bräuche, was sie in den Augen der Juden zu Abtrünnigen machte.

Der Evangelist Johannes berichtet, dass Jesus und seine Begleiter auf ihrem Weg nach Norden Samarien durchquerten. (Joh 4,1-26) Diese Strecke kann man gut nachzeichnen. Der Höhenweg durch das Gebirge führte hinab in ein fruchtbares Tal, wo die Stadt Sichem lag und zwei wichtige Karawanenstraßen sich kreuzten. An dieser Kreuzung befand sich ein Brunnen, der Jakobsbrunnen, so benannt nach dem Stammvater Israels, der diesen Brunnen vor dreitausend Jahren angelegt haben soll.[64] Die Gruppe kam in der Mittagshitze hier an, alle waren müde und erschöpft und wollten eine Rast einlegen. Die

Jünger gingen in den Ort, um etwas zu essen zu besorgen. Jesus blieb und setzte sich auf den Brunnenrand.

Da kam eine samaritische Frau und wollte Wasser schöpfen. Die Situation, die sich nun ergibt, ist heikel. Denn Jesus ist Jude, und von einem jüdischen Mann wird erwartet, dass er eine fremde Frau nicht beachtet, noch dazu, wenn sie eine Ungläubige ist. Jesus spricht sie an und fordert sie zunächst recht barsch auf, ihm Wasser zu geben. Die Frau wundert sich, dass ein Jude eine samaritische Frau um Wasser bittet. Und noch mehr wundert sie sich, dass dieser fremde Mann von einem »lebendigen Wasser« redet, das auf immer jeden Durst löschen soll. Man kann es ihr nicht übel nehmen, dass sie diese abgehobene Rede nicht versteht, sondern denkt, dass Jesus tatsächlich so etwas wie Wunderwasser besitzt. Das würde sie natürlich gerne haben, denn dann bräuchte sie nicht dauernd zum Brunnen gehen und schwere Krüge schleppen.

Jesus gibt dem Gespräch nun plötzlich eine andere Richtung, so als hätte er gemerkt, dass er mit seinen rätselhaften Worten über den Kopf dieser Frau hinweggeredet. Er wird persönlich. »Geh, ruf deinen Mann, und komm wieder her!«, fordert er sie auf. Die Frau muss aber gestehen, dass sie keinen Mann hat. Und es erschüttert sie geradezu, dass Jesus ihre Lebensverhältnisse kennt. »Denn fünf Männer hast du gehabt«, sagt er zu ihr, »und der, den du jetzt hast, ist nicht dein Mann.«

Jesus sagt das nicht vorwurfsvoll wie ein Sittenwächter. Er stellt nur fest und gibt der Frau sozusagen zu denken. Man spürt förmlich, wie sie in sich geht und über ihr Leben sinniert. Vielleicht überlegt sie, ob es auch eine Art Durst war, der sie von einem Mann zum nächsten getrieben hat, und dass es schön wäre, diesen Durst einmal auf Dauer zu stillen. Anscheinend aber geht ihr das Gespräch zu nah. Sie lenkt es wieder von sich weg auf die Feindschaft zwischen den Samaritern und den Juden und stellt fragend fest, dass die einen Gott im Jerusalemer Tempel und die anderen auf dem Berg Garizim verehren.

Die religiösen Streitigkeiten zwischen Juden und Samaritern scheinen Jesus nicht zu interessieren. Eines Tages, so meint er, werde man Gott weder im Tempel zu Jerusalem noch auf dem Berg Garizim anbeten. Denn Gott sei »Geist« und man könne ihn darum nur »im Geist« anbeten. Mit anderen Worten: Wenn Gott »Geist« ist, dann ist er überall, und dann kann man ihn auch überall erfahren und zu ihm sprechen. Wichtig ist nicht, wo Gott angebetet wird, sondern wie. Entscheidend ist das innerliche und persönliche Verhältnis zu Gott.

Die Tempelreinigung und die Szene am Jakobsbrunnen zeigen, dass Jesus kein abgeschlossenes religiöses Wissen verkündete, sondern von Fall zu Fall entschied und jeden einzelnen Menschen in seinem Gewissen ansprach. Er bot keine fertigen Antworten. Stattdessen machte er die Menschen darauf aufmerksam, was in ihrem Leben schieflief und wie sie sich von lebensfeindlichen Ängsten und Abhängigkeiten befreien konnten. Das »Heil« jedes Einzelnen, und zwar das körperliche und seelische, lag ihm am Herzen, und seinen Protest erhob er immer dann, wenn Menschen durch irgendeine Entfremdung oder Unmenschlichkeit gehindert wurden, »heil« und frei zu sein.

Dass Jesus damit in Konflikt mit der jüdischen Gesetzesfrömmigkeit geriet, war unweigerlich. Das Gesetz, das war die Grundlage des Lebens eines jedes Juden, es regelte sein Leben von morgens bis abends, von der Geburt bis zum Tod. Was Gott von seinen Gläubigen verlangte, das stand in der Bibel, hauptsächlich in den fünf Büchern Mose, Pentateuch genannt. Um diese göttlichen Gebote möglichst genau zu befolgen, wurden sie dauernd ausgelegt und erweitert, sodass sich ein Netz von Vorschriften über das alltägliche Leben spannte.

Eine besondere Rolle kam dabei der Heiligung des Sabbats zu. Eine lange Liste schrieb vor, was am Sabbat alles verboten war. Das reichte von Arbeiten auf dem Feld wie Ernten und Dreschen, bis zu kleinen Tätigkeiten im Haushalt wie dem Nähen einer zerrissenen Tunika oder dem Tragen eines Eimers. Auch die Verbote wurden durch neue Bestimmungen ergänzt, in denen etwa die Frage aufgeworfen wurde, ob das Verbot, am Sabbat ein Tier zu schlachten, auch bedeutet, dass man einen Floh nicht zerquetschen darf.[65]

Wer es so genau nahm, der musste natürlich Anstoß daran nehmen, wie Jesus und seine Jünger sich verhielten. Einmal wanderten sie an einem Sabbat durch ein Kornfeld, rissen Ähren ab, zerrieben sie zwischen den Fingern und aßen die Körner. Damit machten sie sich gleich mehrerer Vergehen schuldig. Sie hatten mehr Schritte gemacht als erlaubt, sie hatten Erntearbeit geleistet und noch dazu Essen bereitet. Als einige fromme Pharisäer sich darüber empörten und Jesus angriffen, hielt er ihnen entgegen: »Der Sabbat ist für den Menschen da, nicht der Mensch für den Sabbat.« (Mk 2,27)

Diese Worte bedeuten nicht weniger als eine Revolution, eine Wende in der ganzen Auffassung von Religion, und sie haben eine ungeheuer befreiende Wirkung. Jesus will damit die Gesetze nicht abschaffen. Er will nur an ihren ursprünglichen Sinn erinnern. Die Gesetze wollen nämlich eine Beziehung zwischen Gott und den Menschen herstellen. In dieser Beziehung sollte Gott jemand sein, der es gut mit den Menschen meint und ihnen Hilfe zum Leben gibt. Wo aber die Gesetze nur noch um ihrer selbst willen erfüllt werden, da sind sie nicht mehr Hilfe, sondern eine Last, ein System der Unfreiheit. Und das, was Gott mit den Menschen will, droht verloren zu gehen hinter einem Wust von Vorschriften und Verboten und einem falschen Gehorsam. »Denn der Buchstabe tötet, der Geist aber macht lebendig«, so wird es der Apostel Paulus einmal ausdrücken. (2 Kor 3,6)

In seiner Entgegnung an die übereifrigen Gesetzeshüter sagt Jesus auch, was Gott will. Gottes Wille ist Liebe. Und nur der, der diese Liebe annimmt und weitergibt, erfüllt Gottes Willen. Darum ist für Jesus das doppelte Liebesgebot das wichtigste aller Gebote: »Du sollst den Herrn, deinen Gott, lieben mit ganzem Herzen und ganzer Seele« und »Du sollst deinen Nächsten lieben wie dich selbst.« (Mt 22,36-40 parr) Beides gehört zusammen, beides bedingt einander. Lieben heißt, Gottes Willen tun, und es heißt, die Liebe, die man von Gott empfängt, an den Mitmenschen praktizieren.

Wie das ganz konkret im Alltag aussehen kann, das hat Jesus wie immer in Gleichnissen begreiflich zu machen versucht. Im Gleichnis vom verlorenen Sohn hat ein Vater zwei Söhne. (Lk 15,11-32) Der jüngere von beiden lässt sich sein Erbteil auszahlen und zieht weg in ein fernes Land. Dort führt er ein ausschweifendes Leben. Sein Geld hat er bald verprasst, und er muss froh sein, wenn er Schweinefutter zu essen bekommt. Reuig kehrt er zurück in sein Elternhaus. Wider Erwarten jagt ihn sein Vater nicht weg, er ist auch nicht böse, macht ihm nicht einmal Vorwürfe. Schon als er seinen Sohn von Weitem sieht, läuft er ihm entgegen, fällt ihm um den Hals und küsst ihn. Dessen Schuldbekenntnisse scheint er gar nicht zu hören, stattdessen will er ein großes Fest feiern, aus Freude, den verlorenen Sohn wiedergefunden zu haben.

Diese Geschichte von dem Vater, dessen Liebe so groß ist, dass er seinem Sohn nicht nur verzeiht, sondern ihm sogar entgegenläuft und ihn umarmt, wird ergänzt durch ein anderes Gleichnis, in dem es darum geht, wie diese väterliche Liebe weitergegeben werden kann. Darin wird ein Mann von Räubern überfallen und bleibt schwer verletzt am Wegrand liegen. (Lk 10,30-37) Ein Priester kommt vorbei, sieht den Mann, geht aber weiter. Offenbar fürchtet er, dass der Mann tot ist, und einen Toten zu berühren, ist ihm nach dem Gesetz verboten.[66] Ebenso verhält sich ein Tempeldiener. Erst ein Samariter, der auf dieser Straße unterwegs ist, hat Erbarmen mit dem verletzten Mann. Er verbindet notdürftig seine Wunden, bringt ihn in eine Herberge und gibt dem Wirt Geld, damit der sich in den folgenden Tagen um den Kranken kümmert.

Der Samariter, obgleich für die Juden ein Ungläubiger, weiß, wer sein Nächster ist. Er geht und sieht nicht vorbei. Er hat nicht nur Mitleid und bedauert den armen Mann, sondern handelt überlegt und sinnvoll. Überdies belässt er es nicht bei einer spontanen Hilfe, sondern er sorgt dafür, dass der Überfallene auch in Zukunft in guten Händen ist. Das Gebot der Nächstenliebe ist also keine abstrakte Forderung. Es ist der Aufruf, ganz praktisch zu handeln, wo Hilfe nötig ist, mit Verstand und Fantasie. Jesus macht aber immer deutlich, dass diese praktische Nächstenliebe genährt wird durch die grenzenlose Liebe eines Vatergottes. Gottesliebe und Nächstenliebe sind untrennbar miteinander verbunden. Und wo diese Doppelliebe der Grundsatz des Handelns ist, dort wird Gottes Wille verwirklicht, dort wird das Gesetz erfüllt. »Gehe hin und tu dergleichen« – mit dieser Aufforderung endet die Geschichte vom barmherzigen Samariter. Jeder soll sich demnach seinem Nächsten zuwenden und ein »Samariter« sein.

Jesus hat diese Liebe vorgelebt. Deshalb musste er Tabus brechen und Gesetze missachten. Das hat ihm viel Zuneigung eingebracht, aber mindestens ebenso viel Feindschaft. Auch über die Tabus, mit denen Frauen damals belegt waren, hat er sich hinweggesetzt. Sogar seinen Jüngern war sein Verhalten nicht geheuer. Als sie aus der Stadt zurückkamen und sahen, dass Jesus mit der samaritischen Frau redete, waren sie ziemlich irritiert. Doch Jesus redete nicht nur mit Frauen, sondern ging auch ansonsten unbefangen und respektvoll mit ihnen um.

Als er bei einem Pharisäer zu Gast war, kam plötzlich eine stadtbekannte Prostituierte zur Tür herein, warf sich vor ihm auf den Boden, trocknete mit ihren Haaren seine von ihren Tränen nassen Füße und rieb sie mit einer kostbaren Salbe ein. Der Gastgeber war entrüstet, und noch mehr war er vor den Kopf geschlagen, als Jesus auch noch sagte, dass er dieser Frau dankbarer sei als ihm, seinem Gastgeber. (Lk 7,36-50)

Es muss diese von Karl Jaspers beschriebene »wunderbare Unbefangenheit« Jesu, seine vollkommene Unabhängigkeit, seine völlige Angstlosigkeit und menschenfreundliche Offenheit gewesen sein, die so viele Außenseiter und insbesondere Frauen in die Nähe des Mannes aus Nazaret zog. Einige gehörten zum engeren Kreis und begleiteten Jesus »von Stadt zu Stadt und von Dorf zu Dorf«, wie es im Lukasevangelium heißt. (Lk 8,1-3)

Eine dieser Frauen hieß Johanna und war die Frau eines Regierungsbeamten des Landesfürsten Antipas. Mit ihrer Entscheidung, dem Hofstaat, dem sie angehörte, den Rücken zu kehren und sich Jesus anzuschließen, stellte sie sich auf die Seite eines Wanderpredigers, der vom Dienstherrn ihres Mannes als gefährlicher Unruhestifter betrachtet wurde. Es waren sicher schwerwiegende Gründe, die sie dazu bewogen haben, ihr privilegiertes Leben aufzugeben und wie eine Landstreicherin durch Galiläa zu ziehen. Bei Lukas wird nur erwähnt, dass Jesus sie von »bösen Geistern« befreit hat. Heute würde man wohl sagen, dass Johanna in einer tiefen seelischen Krise gesteckt hat und mit Jesu Hilfe wieder herausfand.

Noch hilfsbedürftiger war offenbar eine andere Frau, von der gesagt wird, dass sie von »sieben Dämonen« erlöst wurde. Wie Jesus' Mutter hieß sie Maria und stammte aus Magdala, einer Stadt am nordwestlichen Ufer des Sees von Gennesaret. Von ihr weiß man nicht viel, lediglich dass sie ein sehr enges Verhältnis zu Jesus hatte und ihm bis zu seinem Lebensende treu war. Trotz dieser wenigen Informationen hat diese Maria Magdalena, wie sie später genannt wurde, über Generationen hinweg die Fantasie der Menschen beschäftigt. Man hat sie, völlig unbegründet, mit der Frau gleichgesetzt, die Jesus mit ihren Haaren die Füße getrocknet hat, und sie so zur Dirne gemacht. Durch die Bekanntschaft mit Jesus soll sie ihre Sünden bereut und Buße getan haben. Der Bestsellerautor Dan Brown hat in seinem Roman *Sakrileg*, der auf wissenschaftlichen Beweisen gegründet sein soll, Maria Magdalena zur Ehefrau von Jesus gemacht und zur Mutter seiner Kinder.[67]

Das alles sind haltlose Spekulationen, und sie beweisen nur, dass Maria von Magdala eine ideale Projektionsfigur ist, in die man seine Fantasien hineinlegen kann. Eine Frau, die erst Hure war und dann zur Heiligen geworden ist, eignet sich als ideales Vorbild für eine Moral, die Sexualität als Sünde erklärt und ihre Unterdrückung zur christlichen Pflicht macht. Generationen von Jugendlichen, Männern und Frauen haben unter einer solchen Verteufelung der Sexualität gelitten.[68]

Beim biblischen Jesus sind solche Verklemmtheiten nicht zu finden. Sein Umgang mit Frauen ist völlig entspannt. Er tritt nie als Feind der Sexualität auf. »Das Heilige und das Geschlechtliche sind für ihn nicht unvereinbar«, stellt der Theologe Heinz Zahrnt fest.[69] In einem nichtbiblischen Text, der vermutlich erst im zweiten Jahrhundert entstanden ist, heißt es, dass Jesus Maria

Magdalena mehr geliebt habe als seine Jünger und sie »oftmals auf ihren Mund« geküsst habe.[70] Diese Stelle ist heftig umstritten. Die einen wollen damit ein reges Sexualleben des Nazareners beweisen. Andere stellen den Text wegen seiner lückenhaften Überlieferung in Zweifel und wollen damit Jesus' Reinheit verteidigen. Aber fallen nicht beide Positionen hinter die souveräne Freiheit zurück, die Jesus auszeichnet? Was eigentlich ist schlimm an einem Jesus, der eine Frau liebt und das auch mit Zärtlichkeiten zeigt?

Mit seinem Verhalten hat Jesus den Frauen eine Würde gegeben, die sie zu dieser Zeit nicht hatten. Den Männern waren sie in jeder Beziehung untergeordnet. Schon wenn in einer Familie ein Mädchen geboren wurde, war das wie ein Unglücksfall. Natürlich war es von der Schulbildung ausgeschlossen und durfte auch am religiösen Leben nur passiv teilnehmen. Wenn eine Frau die monatliche Regel hatte, galt sie als »unrein« und durfte nicht den Tempel betreten. In der Synagoge musste sie stets schweigen und auch in der Familie hatte sie nicht viel zu sagen. Bevor sie verheiratet wurde – das konnte ab dem zwölften Lebensjahr geschehen –, gehörte sie dem Vater, später dann war sie Eigentum des Ehemannes. Der konnte sie jederzeit wieder wegschicken. Für den Scheidebrief, den er dazu ausstellen musste, brauchte er keine großen Gründe, es reichte schon ein kleiner Verstoß gegen die Konventionen, nachlassende Attraktivität oder eine angebrannte Mahlzeit. Männer durften fremdgehen und mussten nicht mit Strafen rechnen, während bei Frauen auf Ehebruch die Todesstrafe stand.

Vor diesem Hintergrund muss man es verstehen, warum Jesus die Ehe vehement verteidigt hat. Er wollte die Frauen vor männlicher Willkür schützen, auch davor, irgendwann einfach abgeschoben zu werden. Wer weiß, vielleicht sind auch Johanna und Maria von Magdala auf diese Weise fallen gelassen und zu einem verachteten Sozialfall gemacht worden.

In Jesus' Nähe jedenfalls wehte ein anderer Wind. Er setzte sich über die gängigen gesellschaftlichen und religiösen Regeln hinweg und behandelte Männer und Frauen gleich. Das ist ein Verhalten, das bis heute auf Widerstände und Einwände trifft. Schon seinen Zeitgenossen hat Jesus einiges zugemutet. Wenn es darum ging, Menschen aus ihrer gesellschaftlichen und religiös bedingten Isolation und Ächtung zu befreien, hat er sich nicht davor gescheut, Grenzen zu überschreiten, allgemein anerkannte Urteile einfach zu ignorieren und Tabus zu brechen. Dazu boten sich auf seinen Wanderungen jederzeit Gelegenheiten.

Auch in Kafarnaum, seiner Wahlheimat. Dort, an der Grenze zum Herrschaftsgebiet des Herodessohnes Philippus, gab es eine Zollstation. Darunter kann man sich eine kleine Hütte vorstellen mit einem Wechseltisch davor, an dem die Passanten ihre Abgaben bezahlten und ihre Quittung erhielten. Der Zöllner in Kafarnaum hieß Levi und er war wie alle seinesgleichen bei den Juden tief verachtet. Zöllner trieben Geld für die römische Besatzungsmacht ein. Da sie Pacht zahlen mussten und nicht unerhebliche Ausgaben hatten, waren sie gezwungen, auch in die eigene Tasche zu wirtschaften, was ihnen den Ruf als Betrüger und Halsabschneider einbrachte.

Levi wird wie alle seine Berufsgenossen in Kafarnaum ein verhasster Außenseiter gewesen sein, mit dem niemand etwas zu tun haben wollte. Und was machte Jesus? Er ging zur Zollstation, redete mit Levi und forderte ihn schließlich auf, sich ihm anzuschließen. (Mt 9, 9-13) Nach dem biblischen Bericht war Levi völlig aus dem Häuschen und ließ alles stehen und liegen. Nicht genug, dass Jesus mit diesem Ausgestoßenen redete, er ließ sich von Levi auch noch in dessen Haus zum Essen einladen. Da saß er dann am Tisch mit anderen Zöllnern und Leuten mit schlechtem Ruf. Und man kann sich vorstellen, wie die Menschen in Kafarnaum sich den Mund zerrissen und es nicht fassen konnten, mit welchen Leuten sich Jesus abgab. Auf die Vorwürfe der Religionsführer antwortete Jesus aber nur: »Nicht die Gesunden brauchen den Arzt, sondern die Kranken.« (Mt 9, 12)

Die Kranken, das waren für Jesus alle, die aus sozialen oder religiösen Gründen ausgeschlossen, an den Rand gedrängt, zu Sündern oder Minderwertigen erklärt worden waren. Jesus wusste offenbar, dass Menschen, die keine

Anerkennung erfahren, denen jede Würde genommen wird, die vom öffentlichen Leben ausgeschlossen und isoliert sind, »krank« werden, krank an Leib und Seele. Darum besteht auch bei den Krankenheilungen, die Jesus vornimmt, ein erster und wichtiger Schritt darin, dass er die Kranken aus ihrer Vereinsamung herausholt. Heilung bedeutet immer auch Anerkennung, Würdigung, Gleichberechtigung.

Dieser Zusammenhang wird in einer Geschichte deutlich, die ebenfalls in Kafarnaum spielt. Dort gab es neben der Zollstation auch einen Posten der römischen Armee, der von einem Hauptmann befehligt wurde. Dieser Hauptmann scheint Sympathien mit den Juden gehabt und auch den Bau der Synagoge in Kafarnaum unterstützt zu haben. Er hat auch mitbekommen, welche ungewöhnlichen Heilungen Jesus bewirkt hat, und richtet sich nun an ihn mit der Bitte, seinen kranken Knecht zu heilen. (Mt 8,5-13) Jesus ist auch sofort dazu bereit, obwohl der Hauptmann ein Heide und es einem frommen Juden verboten ist, das Haus eines Ungläubigen zu betreten. Hinzu kommt, dass sich römische Soldaten oft Knechte und Sklaven als »Lustknaben« hielten. Das war bekannt und auch Jesus hätte zumindest diesen Verdacht haben können. Homosexualität galt im Judentum als schwere Sünde.

In der biblischen Geschichte kümmert sich Jesus weder um das Heidentum des Hauptmanns noch um eventuelle

Gerüchte um sein Sexualleben. Einzig und allein der Glaube des Mannes ist für ihn entscheidend. Der Hauptmann ist fest überzeugt davon, dass Jesus seinem Knecht helfen kann. Er selber gesteht dagegen seine Unwürdigkeit und seine Ohnmacht ein und möchte nicht, dass Jesus sich die Mühe macht, in sein Haus zu kommen. Ein Wort von ihm sei genug. »Herr, bemüh dich nicht!«, so lässt er Jesus ausrichten. »Denn ich bin es nicht wert, dass du mein Haus betrittst.« Von dieser Haltung ist Jesus so beeindruckt, dass er den Hauptmann als Vorbild hinstellt und schließlich zu ihm sagt: »Es soll geschehen, wie du geglaubt hast.« (Mt 8,13)

Der Knecht des Hauptmanns wird gesund, obwohl ihn Jesus nicht zu Gesicht bekommt. Aber nicht diese Fernheilung steht in der Geschichte im Mittelpunkt, sondern die Haltung des Hauptmanns. Es ist sein Bekenntnis, hilflos und angewiesen zu sein und ganz auf Jesus zu vertrauen. Vonseiten Jesus' besteht unentwegt das Angebot einer bedingungslosen Anerkennung und göttlichen Liebe. Aber dieses Angebot kann nur angenommen werden von jemandem, der zugibt, dass er sein Heil nicht alleine herstellen kann, dass er auf Hilfe angewiesen ist. Erst wenn diese zwei Seiten zusammenkommen, das Angebot göttlicher Liebe und die Einsicht menschlicher Ohnmacht, dann kann das geschehen, was die Bibel »Wunder« nennt.

8.

Mitten in der Welt

Manchmal wurde es auch Jesus zu viel: Dauernd war er von Menschen umgeben, die sich Hilfe von ihm erhofften. Besonders der Evangelist Markus schildert, welchem Andrang Jesus ausgesetzt war. (Mk 3,7-8) Die Leute kamen aus Jerusalem, aus den Gebieten jenseits des Jordans und sogar aus den Küstenstädten der Provinz Syrien. Viele wollten Jesus einfach nur berühren, sodass er oft von den Kranken und Verzweifelten fast erdrückt wurde und nicht einmal zum Essen kam. Dann musste er regelrecht die Flucht ergreifen. Er setzte sich mit seinen Jüngern in ein Boot, und sie fuhren an eine abgelegene Stelle an den Ufern des Sees Gennesaret, um dort allein zu sein. Doch die Menschen liefen ihnen zu Fuß am Ufer entlang nach. Und kaum waren Jesus und seine Begleiter an Land gegangen, waren sie schon wieder von einer Menge umringt. (Mk 6,30-44)

Jesus taten diese Hilfe suchenden Menschen leid. Er forderte sie auf, sich zu setzen, und redete lange zu ihnen.

Darüber wurde es einmal Abend, und die Frage kam auf, was man nun mit den vielen Menschen, nach Markus waren es fünftausend, anfangen sollte. Sie waren teilweise sehr weit weg von ihrem Zuhause und hatten Hunger. Die Jünger wollten, dass Jesus sie wegschickt, damit sie sich in den umliegenden Dörfern etwas zu essen besorgten. Jesus lehnte das ab. Stattdessen sollten die Jünger herausfinden, wie viel an Essbarem da war. Das kärgliche Ergebnis waren, so erzählt es Markus, fünf Brote und zwei Fische.

Die Leute sollten sich nun in Gruppen ins Gras setzen. Daraufhin nahm Jesus die Brote und die Fische, blickte zum Himmel, sprach ein kurzes Gebet, und sagte dann zu seinen Jüngern, sie sollten alles verteilen. Und was keiner für möglich gehalten hatte, wurde wahr. Von dem wenigen Brot und den zwei Fischen wurden alle satt und es blieb sogar noch viel übrig.

Diese Geschichte, die in verschiedenen Versionen in allen vier Evangelien erzählt wird (Mt 14,13-21 parr), hat zu allen Zeiten die Interpreten vor eine schwierige Aufgabe gestellt: Wie ist es möglich, mit fünf Broten und zwei Fischen Tausende von Menschen satt zu bekommen? Manche Theologen haben versucht, dieses Wunder ganz natürlich zu erklären, indem sie etwa behaupteten, reiche Frauen hätten Körbe voll Fische und Brot an den Ort geschickt, wo Jesus und seine Anhänger versammelt waren.[71] Gegen diese rationale Auflösung haben andere

Theologen darauf beharrt, dass die Brotvermehrung eben ein Wunder sei. Und Wunder könne man eben nicht erklären, sie gingen über die Grenzen unseres Verstehens hinaus. Wo die einen das Wunder also ganz in das Diesseits herabziehen, schieben es die anderen in ein fernes Jenseits.

Dass eine natürliche Erklärung der Wunder allzu platt ist, leuchtet ein. Aber auch die übernatürliche Erklärung birgt eine große Gefahr. Sie geht nämlich von unserem neuzeitlichen naturwissenschaftlichen Weltbild aus, das es zu Jesus' Zeiten nicht gegeben hat. Wunder sind demnach Ereignisse, die gegen die Naturgesetze verstoßen. Und Jesus' Göttlichkeit beweist sich folglich darin, dass er diese Gesetze durchbrechen, überwinden kann.

Es war der Theologe Dietrich Bonhoeffer, der vor dem Gottesbild, das sich aus dieser Vorstellung ergibt, gewarnt hat. Gott wird nämlich zum Lückenbüßer.[72] Überall dort, wo Fragen ungelöst sind und die Menschen mit ihrem Wissen und Können am Ende sind, da wird Gott ein Platz zugewiesen. Aber mit der Entwicklung der Wissenschaften, dadurch, dass immer mehr offene Fragen gelöst werden und immer mehr »dunkle« Bereiche unserer Wirklichkeit erklärt werden, wird der Platz für Gott immer kleiner. Die Menschen erobern den Weltraum und nirgendwo ist Gott zu finden. Die Genforschung macht unglaubliche Fortschritte, die immer fragwürdiger werden lassen, ob es so etwas wie menschliche Freiheit, Geist oder eine »Seele« überhaupt gibt. Gott befindet sich auf diese Weise immer mehr auf dem Rückzug. Und es ist absehbar, dass er irgendwann ganz aus unserer wissenschaftlich aufgeklärten Welt gedrängt wird. Was dann von ihm übrig bleibt, ist ein allmächtiger »Zauberer im Jenseits«[73], der ab und zu in unsere Welt eingreift, aber ansonsten mit unserer Wirklichkeit wenig oder gar nichts zu tun hat. Und die Aufforderung zu glauben bedeutet dann, dass wir unbeweisbare Behauptungen für wahr halten sollen.

Das sind aber nicht der Gott und der Glaube, den Jesus verkündet hat. Jesus weigerte sich, übernatürliche Taten zu vollbringen, damit die Leute an ihn glaubten. »Wenn ihr nicht Zeichen und Wunder seht, glaubt ihr nicht«, sagt er einmal resignierend. (Joh 4,48) Nicht der Wundertaten wegen sollten die Menschen an ihn glauben, sondern umgekehrt. Der Glaube an den gütigen, liebevollen Gott verleiht erst die Kraft, Gutes zu bewirken, Menschen zu heilen. So verstanden handelt Gott nicht aus einer weltabgewandten Ferne, sondern mitten in der Welt. Und wenn wir davon reden, dass Gott im Jenseits ist, so dürfen wir das nach Bonhoeffer nicht so verstehen, dass Gott jenseits der Naturgesetze oder jenseits unseres Erkenntnisvermögens zu suchen ist. Sondern es ist ein Jenseits oder, wie die Theologen sagen, eine »Transzendenz«, die wir jederzeit und überall erfahren können. Oder wie Dietrich Bonhoeffer es paradox ausdrückt: »Gott ist mitten in unserm Leben jenseits.«[74]

Ein Gott, der mitten im Leben erfahren werden kann, macht es vielleicht auch möglich, dass eine Schar von Menschen mit ein paar Broten und Fischen versorgt werden kann. »Der Mensch lebt nicht nur von Brot allein«, sagte Jesus und meinte damit, dass etwas hinzukommen muss. Und nicht von ungefähr steht am Anfang dieses Wunders Jesus' Blick zum Himmel, so als ob er sich noch einmal der grundlosen Güte Gottes versichern wollte. Es ist der Glaube an diese Güte, die für Jesus das Wichtigste ist, auch für die Menschen. Wer an diese Güte glaubt, kann sich in Gottes Arme fallen lassen und braucht sich keine Sorgen mehr zu machen um den nächsten Tag.

Diese Güte bewirkt eine Verwandlung. Sie kann Menschen das Gefühl geben, zuallererst und von Anfang an Empfangende zu sein und deshalb geben zu können. Sie kann die Angst nehmen davor, dass man zu kurz kommt. Sie kann Menschen so verändern, dass sie nicht mehr sich ängstlich an ihren Besitz klammern, nicht mehr in erster Linie an sich selbst denken, sondern freigiebig werden und lernen zu teilen. Und wenn viele so offenherzig und großzügig werden, kann es vielleicht auch sein, dass ganz wenige Lebensmittel für viele Menschen reichen. Und wäre das dann nicht ein Wunder?

Ein Wunder wäre wohl auch nötig gewesen, damit Jesus sich einmal in Ruhe hätte zurückziehen können. Er wählte den schwierigeren Weg und fuhr mit seinen Jüngern im Boot an das Ostufer des Sees Gennesaret. Dort lag das Gebiet der Dekapolis, ein Verbund von zehn Städten mit vorwiegend griechischer Bevölkerung und hellenistischer Kultur. Als Jesus aus dem Boot stieg, erwartete ihn am Ufer zwar keine Menschenmenge, aber von Weitem sah er schon einen Mann auf sich zurennen. Das muss eine furchterregende Erscheinung gewesen sein. Der Evangelist Markus berichtet, dass dieser Mann in den »Grabhöhlen« wohnte und von dort Tag und Nacht seine Schreie zu hören waren. (Mk 5,1-20) Man hatte versucht, ihn mit Stricken und dann mit Ketten zu fesseln. Aber dieser Mann war so wild und ungestüm, dass ihn niemand bändigen konnte.

Und jetzt kommt er aus seiner Grabhöhle hervor und läuft auf Jesus zu. Man hätte erwarten können, dass er wie vorher viele andere Notleidende sich Jesus zu Füßen wirft und ihn um Hilfe anfleht. Es kommt jedoch ganz anders. Der wilde Mann schreit Jesus an, dass der ihn nicht quälen, sondern in Ruhe lassen soll. Das ist ein extrem widersprüchliches Verhalten und auch Jesus scheint überrascht zu sein. Denn zuerst hat er ihn für jemanden gehalten, der von einem Dämon besessen ist, und er hat dem Dämon befohlen, den Mann zu verlassen. Dieser Befehl hat aber den Widerstand des Mannes erst recht verstärkt. Offenbar hofft der Mann auf Hilfe, gleichzeitig aber hat er Angst davor, dass ihm geholfen wird. Seine Krankheit ist auch ein Schutzraum, in den er sich geflüchtet hat, damit ihm andere Verletzungen und Leiden erspart bleiben. Deswegen bedeutet Heilung für ihn eine Gefahr.

Jesus ändert seine Strategie. Er fragt den Mann nach seinem Namen. Und er erhält die erstaunliche Antwort: »Legion ist mein Name, denn viele sind wir.« Es ist tatsächlich so, als ob viele Stimmen aus ihm sprechen würden, und heute würde man vermutlich sagen, dass dieser Besessene eine multiple Persönlichkeit ist. Er hat kein eigenes Ich, sondern besteht aus vielen Ichs. Diese Ichs können die Einflüsterungen von Eltern oder Lehrern, es können die Hochglanzbilder von Frauen und Männern sein, wie sie in der Werbung und in den Medien als Ideal vorgestellt werden. Diese fremden Vor-Bilder, Meinungen und Erwartungen belagern den Kopf eines Menschen, und es kann ein lebenslanger, ein wütender und wilder Kampf sein, sich dieser Stimmen zu erwehren und seine eigene Stimme zu finden, zu bewahren und zu verteidigen.

Die Therapie, die Jesus anwendet, wirkt heute sehr fremd, ja geradezu märchenhaft. Er erlaubt nämlich den Dämonen, in eine Schweineherde zu fahren, und diese Schweineherde stürzt den Steilhang hinab und ertrinkt im Meer. Die vielen Ichs des wilden Mannes werden also gründlich entsorgt. So rätselhaft dieser Vorgang einem Menschen des einundzwanzigsten Jahrhunderts vorkommen mag, so hat er sich bis heute vielleicht doch in dem Ausdruck erhalten, dass jemand »die Sau rauslässt«. Oder wissenschaftlicher und seriöser ausgedrückt könnte man auch sagen, der wilde Mann aus Gerasa agiere seine Aggressionen und Ängste aus. Das bedeutet es nämlich, wenn ein Mensch seine inneren Konflikte und verletzenden Erlebnisse überwindet, indem er sie noch einmal durchlebt und seiner Wut und seinen Enttäuschungen freien Lauf lassen darf – bis er versöhnt und befreit ist.

War Jesus also so eine Art Therapeut? Ganz sicher hat er ein feines Gespür für die Nöte und Sorgen der Menschen gehabt. Aber er war mehr als nur ein Lebensberater. Es ging ihm nicht darum, dass Menschen sich wohlfühlen oder eine positive Lebenseinstellung haben. Sein Angebot war viel radikaler. Die Menschen sollten sich von Grund auf ändern. Sie sollten, so drückt es der Theologe Paul Tillich aus, wieder »ganz werden«, körperlich und seelisch.[75] Aber was heißt es, ganz zu werden? Und was ist vorher getrennt, ehe es wieder ganz werden kann?

Der dänische Philosoph Sören Kierkegaard hat diese Frage zu beantworten versucht, indem er den Menschen als ein Beziehungswesen beschrieb.[76] Er steht in Beziehung zu sich selbst, kann sich also selbst betrachten und feststellen, wie er ist oder sein möchte. Gleichzeitig steht er auch in Beziehung zu anderen, mit denen er sich auch vergleichen kann. In diesem ganzen Beziehungsgeflecht lauert für Kierkegaard eine »Krankheit zum Tode«, nämlich die »Verzweiflung«. Die Gefahr besteht darin, dass jemand »verzweifelt er selbst sein will« oder »verzweifelt nicht er selbst sein will«. Beides läuft auf das Gleiche hinaus, denn in beiden Fällen hat ein Mensch falsche Bilder von sich und möchte sich verzweifelt loswerden. Er ist mit sich unzufrieden und will anders sein, als er ist.

Der tödlichen Krankheit der Verzweiflung kann nach Kierkegaard ein Mensch nur entgehen, wenn er sich frei macht von fremden Bildern und Ideen, wenn er mit sich Freundschaft schließt oder, mit einem Wort, wenn er sich selbst erkennt. Diese Selbsterkenntnis ist aber bei Kierkegaard keine nur psychologische Leistung. Hier kommt eine weitere Beziehung ins Spiel, nämlich die Beziehung zu Gott. Erst wenn ein Mensch sich mit Gott versöhnt, kann er auch mit sich selbst einverstanden sein und damit auch Frieden mit der Welt schließen. Die Freundschaft mit Gott ermöglicht wahre Menschlichkeit. Bleibt Gott für einen Menschen eine Drohung, bleibt er auch mit sich selbst und der Welt uneins. Und diese »Verzweiflung«, dieser Mangel an Selbsterkenntnis und seelischem Frieden ist die Quelle von Unheil. Sich nicht zu erkennen, macht böse. Menschen, die sich nicht erkennen, neigen zu religiösem Fanatismus, zu Geiz, zu Konsumdenken. Sie folgen leicht Wahnideen, legen

Bomben und töten Unschuldige im Glauben, die Welt zu erlösen.

Natürlich haben Jesus und die Evangelisten nicht Wörter wie »Egoismus«, »seelisches Gleichgewicht« oder »Therapie« verwendet. Jesus hat sehr oft vom »Reich Gottes« gesprochen, und um verständlich zu machen, was er damit meint, hat er Gleichnisse erzählt. Den Stoff dafür hat er der Welt entnommen, von der er umgeben war. Die Gleichnisse sind wie ein Stück Heimatkunde und vermitteln ein anschauliches Bild vom Palästina zur Zeit Jesu. Sie handeln von der Arbeit auf dem Feld und in Weingärten, von Herren und Knechten, von Blumen und Vögeln, von armen Witwen und reichen Kornbauern, von verlorenen Schafen und Münzen.

Nehmen wir an, es war ein Tag im Frühsommer 29 n. Chr., als Jesus wieder so ein Gleichnis erzählte. Der Evangelist Matthäus berichtet, dass Jesus »das Haus« verließ und sich an das Ufer des Sees Gennesaret setzte. (Mt 13,1-23) Gleich sammelten sich viele Menschen um ihn, und das Gedränge wurde so groß, dass Jesus in ein Boot stieg und sich ein Stück auf den See hinaus fahren ließ, um von dort zu den Leuten zu reden.

Experten glauben, dass sich die Jesus-Bewegung zu dieser Zeit in einer Krise befand.[77] Die erste Begeisterung war verebbt. Sich weiterhin zu ihm zu bekennen, wurde eine immer riskantere Sache. Die Schriftgelehrten und Priester hatten sich gegen Jesus gestellt, und er musste damit rechnen, dass die römischen Behörden bald etwas gegen ihn unternehmen würden. Schlimmer noch war, dass sich viele Erwartungen nicht erfüllt hatten. Nicht wenige seiner Anhänger hatten sich enttäuscht von ihm abgewandt. Nüchtern und von außen betrachtet war der »neue Weg« ein ziemlich aussichtsloses Unternehmen: Ein Zimmermann aus einem Kuhdorf in Galiläa, dem Kinder, Frauen, Aussätzige und von Dämonen Besessene nachliefen, der sich mit zwielichtigem Gesindel wie Zöllnern und Huren abgab, der außer ein paar Wundern nichts vorzuweisen hatte – was war von dem zu erwarten? Nicht einmal auf seine Jünger konnte er sich verlassen, immer wieder ließen sie ihn im Stich. Und wo blieb das »Reich Gottes«, von dem er dauernd redete?

Als Jesus vom Boot aus zu den Leuten am Ufer spricht, will er auf diese Ängste, Sorgen und Fragen eingehen. Er erzählt von einem Sämann, der aufs Feld geht und Samenkörner ausstreut. Ein Teil davon fällt auf den Weg und wird gleich von den Vögeln aufgefressen. Ein anderer Teil fällt auf felsigen Boden, geht sofort auf, wird aber von der Sonne verbrannt, weil der Saat die Wurzeln fehlen. Eine Handvoll Körner landet in den Dornen und wird überwuchert. Ein kleiner Teil fällt schließlich doch auf fruchtbaren Boden und daraus wird vielfache Frucht.

Die Zuhörer am Seeufer merken natürlich, dass Jesus sie meint und auch von sich selber spricht. Er ist der Sämann, der durchs Land zieht und seine Worte vom Reich Gottes ausstreut. Wie der Sämann kann er nichts weiter machen, als seine Botschaft zu verbreiten. Was daraus wird, liegt nicht mehr in seiner Macht. Er kann nur abwarten, sonst nichts.

Bei manchen, die seine Worte hören, gehen sie schnell verloren. Vielleicht werden sie von anderen Menschen weggepickt wie im Gleichnis die Körner von den Vögeln. Und man bekommt stattdessen zu hören, dass dieses ganze Gerede von einem Reich Gottes nur das kindische Geschwätz von Leuten sei, die es nicht ertragen könnten, dass das Leben nichts weiter ist als ein Kampf ums Dasein, der mit der Geburt beginne und mit dem Tod ende. Mehr nicht.

Bei anderen Leuten lösen die ausgestreuten Worte gleich eine große Begeisterung aus, die aber merkwürdigerweise schnell wieder verfliegt, wenn sich die ersten Schwierigkeiten ergeben oder ein neuer, anderer Sämann auftaucht, für dessen Botschaft man sich begeistern kann. Es ist aber auch möglich, dass Menschen diese Worte durchaus gerne hören, sie ihnen auch zustimmen, aber mit einem gewissen wehmütigen Lächeln. Denn für sie ist es eine traurige Gewissheit, dass die Wirklichkeit eben mit diesen Worten von einem »Reich Gottes« nicht vereinbar ist.

In dieser Wirklichkeit gibt es Pflichten, Aufgaben, Erfordernisse und Sachzwänge, die eine Einstellung, wie

Jesus sie verkündet, nicht zulassen. Seien wir ehrlich, so sagen sie, wer kann es sich schon leisten, zu existieren wie die Lilien auf dem Felde oder wie die Vögel, die unbeschwert in den Tag hinein leben und sich nicht darum sorgen, was morgen sein wird? Und in der Tat – jeder Tag scheint immer aufs Neue zu beweisen, wie richtig und unvermeidlich die Haltung eines illusionslosen Realismus ist. Und dennoch und trotzdem – kann es sein, dass Sorgen und Zwänge jede Möglichkeit, dass es auch anders sein könnte, schon im Ansatz überwuchern wie Dornenranken einen zarten Sprössling?

Jesus ist der lebende Beweis dafür, dass ein solches Leben möglich ist. Aber damit seine Zuhörer das auch glauben, müssen sie aufhören, nach anderen Beweisen und Zeichen zu fragen. Und vor allem müssen sie aufhören, auf eine Erlösung zu warten, die irgendwo in der fernen Zukunft liegt. »Siehe, das Reich Gottes ist mitten unter euch«, antwortete Jesus den Pharisäern, die wissen wollten, wann das Gottesreich denn kommt. Dieses Reich kann winzig, verborgen und unscheinbar sein wie ein Samenkorn, aber es ist da, und es kann eine ungeheure Kraft entfalten, wenn es nur im richtigen Boden heranreift.

Allerdings kann man dieses Wachsen nicht aus sicherer Entfernung beobachten wie ein unbeteiligter Zuschauer. Der Boden, von dem Jesus spricht, das sind die Zuhörer selbst, das sind wir selbst. Nur unter dem Einsatz der eigenen Person können wir erfahren, was das »Reich Gottes« bedeutet und wie es sich vermehrt. Aber wie äußert sich dieses »Reich«? Wo sind seine Spuren mitten in der Welt? Und wie kann man sie erkennen?

Der Theologe Paul Tillich hat behauptet, dass es »zwei Seinsordnungen« gibt.[78] Diese Ordnungen sind total verschieden und doch ineinander verwoben. Wenn wir sie beschreiben wollen, so müssen wir nach Tillich von uns selber reden, weil wir, so schreibt er, »in jedem Moment unseres Lebens zu beiden gehören«. Die eine Ordnung, die Tillich die menschliche oder historische nennt, erfahren wir vielleicht dann am intensivsten, wenn wir schwermütig sind. Schwermut ist eine dunkle Kraft, die selbstzerstörerisch sein kann. In ihr zeigt sich aber auch unsere »Verwundbarkeit«. Wer schwermütig ist, ist besonders »wertfühlig«[79] und leidet unter Ungerechtigkeit und Unvollkommenheit.

Vor allem ist es der Gedanke, dass alles Leben vergänglich ist, der schwermütig machen kann. Wir gehen jahrelang in Schulen, lernen und arbeiten, setzen uns in unserem Beruf ein, machen Karriere, ziehen Kinder groß, mühen uns ab und kämpfen für unsere Überzeugungen. Aber was hat das alles für einen Sinn, wenn es uns nach wenigen Jahren nicht mehr gibt? »Alles Fleisch ist wie Gras«, so drückt das Alte Testament diese Erfahrung aus. »Das Gras verdorrt, die Blume verwelkt.« (Jes 40,7) Noch drastischer formuliert es eine Figur in einem Buch des Schriftstellers Botho Strauß, die meint: »Wenn wir nicht mehr sind, weht noch lange der Wind … Wir aber versanden. Wir werden zugeweht wie ein Scheißhaufen am Strand.«[80]

In dieser Klage steckt bereits der Protest. Alles wehrt sich in uns gegen den Gedanken, dass all unsere Mühen und Hoffnungen umsonst sein sollen. Mit dem Tod können wir uns nicht endgültig abfinden, mit dem Vergessen auch nicht, und Unrecht wollen wir nicht einfach hinnehmen. In diesem Protest meldet sich nach Paul Tillich eine andere Ordnung, eine göttliche. In unserem Leben äußert sie sich dadurch, dass sie uns immer unzufrieden sein lässt mit dem, was uns gegeben ist. Auch für die Schriftstellerin Ingeborg Bachmann ist ständig der Wunsch in uns wach, »die Grenzen unserer Welt zu überschreiten«. »Innerhalb der Grenzen aber«, so schreibt sie, »haben wir den Blick gerichtet auf das Vollkommene, das Unmögliche, Unerreichbare, sei es der Liebe, der Freiheit oder jeder reinen Größe. Im Widerspiel des Unmöglichen mit dem Möglichen erweitern wir unsere Möglichkeiten.«[81]

Den Blick auf das Unmögliche und Unerreichbare kann man sehen als ein Samenkorn, das auf den Boden unserer Existenz gefallen ist, und das fruchtbar werden kann, wenn wir es nur bemerken und wachsen lassen. In diesem Sinne hat der amerikanische Soziologe Peter L. Berger dazu aufgerufen, die »Zeichen der Transzendenz«

in unserem Alltag wiederzuentdecken. Dafür hält er es für nötig, die »Offenheit der Wahrnehmung« wiederzugewinnen, um die »Spuren der Engel« sehen zu lernen.[82] Solch eine Spur ist für Berger die Tatsache, dass es sogar an unmenschlichen Orten wie den Konzentrationslagern Humor und Hoffnung gegeben hat. Eine weitere Spur sei die Lust am interesselosen Spiel, wie wir sie in Sport, Kunst und Musik erleben. Im zweckfreien Spiel scheint unsere Wirklichkeit wie außer Kraft gesetzt, als ob ein Stück Ewigkeit in unsere Welt einbricht.

Dass dieses Erlebnis auch heilend wirken kann, darauf hat der Schriftsteller Michael Ende hingewiesen. In einem in Tokio gehaltenen Vortrag meinte er: »Wenn Sie aus einem guten Konzert kommen, meine Damen und Herren, dann sind Sie nicht klüger geworden, aber Sie haben etwas erlebt, das Ihre Ganzheit wiederhergestellt hat, etwas in Ihnen ist heil geworden. Wahre Kunst, Literatur wie Musik, macht den Menschen heil, sie heilt ihn.«[83]

Mit seinen Worten wollte Jesus auch heilend wirken. Anscheinend ist ihm das nur selten gelungen. Enttäuschend war es für ihn, wenn die Leute ihm nur aus Neugier oder aus einer gewissen Sensationslust zuhörten. Und oft genug riefen seine Worte nur Abwehr und Empörung hervor. Es gab sogar Männer und Frauen, die anfangs begeistert von ihm gewesen waren und nun nur noch den Kopf über ihn schüttelten. »Was er sagt, ist unerträglich«, meinten sie. »Wer kann das anhören?« (Joh 6,60)

Auch auf seine größte Rede, die sogenannte Bergpredigt, die eigentlich eine Zusammenstellung verschiedener Reden ist, reagierte das Publikum eher skeptisch und betroffen. Jesus soll sie ganz in der Nähe von Kafarnaum, auf einem Hügel oberhalb des Ortes Tabgha gehalten haben. Auf diesem Hügel steht heute eine Kirche und man hat von hier einen wunderbaren Blick auf den See Gennesaret. Stellen wir uns also vor, dass sich auf diesem Hügel wieder eine Schar von Menschen um Jesus versammelt hat. Vielleicht sind ein paar Schriftgelehrte darunter, die man aus Jerusalem hierher geschickt hat, um auszuspionieren, was dieser Wanderprediger verkündet. Der weitaus größte Teil jedoch sind ungebildete Landbewohner. Bauern, Handwerker, Fischer, Tagelöhner – Leute also, die ein kärgliches Dasein führen, die von Krankheiten geplagt und von der Steuerlast der Römer schier erdrückt werden.

Diese Menschen haben allen Grund, mit ihrer Lage unzufrieden zu sein. Und es wäre nur zu verständlich, wenn sie von Jesus eine Brandrede erwarten: gegen die Verhöhnung ihrer Religion durch die Besatzungsmacht, gegen die Ausbeutung durch römische Großgrundbesitzer, gegen willkürliche Rechtsprechung und brutale Unterdrückung. Und die Aufzählung all dieser Ungerechtigkeiten könnte dann münden in den Aufruf, dass Gottes

Reich nahe sei und man zu den Waffen greifen müsse, um Gottes Ehre zu verteidigen und die Herrschaft der gottlosen Heiden endlich abzuschütteln.

Wer das erwartet, wird enttäuscht. Denn Jesus beginnt damit, dass er die armen Teufel, die da um ihn sitzen, auch noch zu ihrem traurigen Dasein beglückwünscht. So jedenfalls könnte man es auch übersetzen, wenn er alle »seligpreist« (Mt 5,3-12), die im Grunde genommen immer die Verlierer und Außenseiter sind. Die von der Gesellschaft ausgestoßen sind, die übers Ohr gehauen werden, die gegenüber den Mächtigen immer den Kürzeren ziehen, die mit ihrer friedlichen Haltung unter die Räder geraten, die unter Krankheit und Hoffnungslosigkeit leiden.

Jesus schürt nicht den Zorn dieser »Armen«, wie er sie nennt. Er verspricht ihnen auch keine bessere Zukunft. Sondern er sagt, dass gerade ihnen Gott besonders nahe ist. Sie sind das »Salz der Erde«, sie sind das »Licht der Welt«. Ihr »Lohn im Himmel« wird groß sein.

Will Jesus alle diese Zukurzgekommenen nur vertrösten, damit sie sich mit ihrer hoffnungslosen Lage abfinden und nichts dagegen unternehmen? So hat der Philosoph Friedrich Nietzsche die Bergpredigt verstanden und sie als »Sklavenmoral« bezeichnet. In die gleiche Richtung geht auch der Vorwurf von Karl Marx, für den jede Religion »Opium« war, das man dem Volk gibt, damit es nicht aufbegehrt und sich willig ausbeuten lässt. Jesus'

Botschaft kann so verstanden werden. Aber damit übersieht man völlig, was Jesus von Anfang an und immer wieder über das »Reich Gottes« und Gottes Gerechtigkeit gesagt hat.

Wenn nämlich das Samenkorn auf fruchtbarem Boden aufgeht, dann vollzieht sich eine völlige Umkehrung der Werte. Was uns normalerweise als abstoßend, schwach, hilflos, minderwertig erscheint, das ist dann anziehend, gut und wertvoll. Jesus will den »Armen« nicht billigen Trost zusprechen, er versichert ihnen, dass Gott auf ihrer Seite ist. Ja, er geht sogar so weit zu sagen, dass alles, was ihnen widerfährt, ihm angetan wird, und das im Negativen wie im Positiven. Wer einem Hungernden Brot und einem Durstenden Wasser gegeben hat, der hat Gott Brot und Wasser gegeben. Und wer einem Leidenden diese Hilfe verweigert hat, der hat sie Gott verweigert. »Was ihr für einen meiner geringsten Brüder getan habt, das habt ihr mir getan«, sagt er an anderer Stelle. (Mt 25,40)

Auf dem Höhepunkt seiner Rede spricht Jesus Forderungen aus, die alles auf den Kopf stellen, was seine Zuhörer bisher geglaubt und gedacht haben. Jesus weiß das und formuliert die Gegensätze in aller Schärfe. Bisher sei gesagt worden: »Auge um Auge, Zahn um Zahn.« Er aber fordert die Menschen nun dazu auf, dem Bösen keinen Widerstand zu leisten und auch die rechte Wange hinzuhalten, wenn jemand auf die linke geschlagen worden ist.

Und damit nicht genug. Es sei einfach, so meint er, nur diejenigen gernzuhaben, die einen auch mögen. Und es sei nichts Besonderes, nur seine Freunde zu grüßen. Jesus aber verlangt mehr: »Ihr habt gehört, dass gesagt worden ist: Du sollst deinen Nächsten lieben und deinen Feind hassen. Ich aber sage euch: Liebt eure Feinde und betet für die, die euch verfolgen.« (Mt 5,43-44)

Sind das die Träumereien eines weltfremden Idealisten? Der frühere Bundeskanzler Helmut Schmidt hat einmal geäußert, dass man mit der Bergpredigt keine Politik machen könne. Jesus hätte ihm recht gegeben. Denn die Forderungen der Bergpredigt können höchstens eine moralische Richtschnur in der Politik abgeben. In erster Linie richten sie sich jedoch an den Einzelnen. Seine innere Umkehr ist unbedingte Voraussetzung. Erst wenn diese erfüllt ist, kann sich daraus ein richtiges Handeln ergeben, das dann natürlich auch politische Folgen haben kann.

Wenn diese Voraussetzung übersprungen wird, wenn also die Bergpredigt zu einer allgemeinen ethischen Forderung oder zu einem politischen Programm gemacht wird, dann besteht die Gefahr, dass sie zu einer politischen Utopie wird, die man mit Gewalt durchsetzen will. Das aber würde heißen, sie ins Gegenteil zu verkehren.

Die Feinde, das sind immer Feindbilder, die nur dann entstehen können, wenn wir uns nicht mehr die Mühe machen, einen Menschen und seine Geschichte kennenzulernen. An die Stelle einer konkreten Begegnung tritt ein Bild, in das wir unsere eigenen Ängste und Vorurteile hineinprojizieren. Das ist ein Prozess einer langsamen Entmenschlichung, und im äußersten Fall fällt es dann leicht, auf ein entmenschlichtes Bild zu schießen oder damit einverstanden zu sein, dass es ausgemerzt wird. Innere Umkehr bedeutet auch, Bilder wieder durch Menschen zu ersetzen, Ängste durch Vertrauen, Vorurteile durch Erfahrung. Wie das geschehen kann, das hat Hermann Hesse einmal in einem seiner Bücher an einem Mann vorgeführt, den man als sein Alter Ego betrachten kann.[84]

Dieser Mann ist auf Kur in einem Hotel. Aber sein Aufenthalt wird ihm durch einen Gast im Nebenzimmer zur Hölle gemacht. Dieser Gast, ein Holländer, ist nämlich sehr laut. Man hört ihn durch die Wand reden, lachen, gurgeln und husten. Der Kurgast, ein ruhiger und lärmempfindlicher Mensch, beginnt den Holländer langsam zu hassen. Als er ihn auf dem Hotelflur kurz sieht, ärgert er sich auch über dessen affige Weste, sein glattes, selbstzufriedenes Gesicht und über seine scheinbar so unverwüstliche gute Laune. Der Holländer wird zum Inbegriff jener oberflächlichen Touristen, die rücksichtslos ihr Vergnügen suchen und die der Kurgast noch nie ausstehen konnte. Jetzt fällt ihm auch wieder ein, dass es die Holländer waren, die ihre Kolonien bis aufs Blut ausgebeutet haben. Das verstärkt noch seine Abneigung gegen den Zimmernachbarn. Und als der Kurgast wieder nicht schlafen kann, weil der Holländer nebenan wieder laut lacht und hustet, steigert sich seine Abneigung in blinden Hass, sodass er den Störenfried am liebsten auslöschen, totschießen möchte.

Der Kurgast begreift es als ein kleines Wunder, dass er in einem plötzlichen Moment aus seinen Hassfantasien aufwacht wie aus einem bösen Traum. Denn wenn er es recht überlegt, sind seine Vorwürfe gegen den Holländer eigentlich völlig unsinnig. Und er beschließt, seinen »wertlosen Hass« abzubauen und seinen Zimmernachbarn, den Holländer, zu »verwandeln«. »Was ich zu tun hatte«, so heißt es, »war lediglich die Erfüllung jenes wunderbaren Wortes ›Liebet eure Feinde‹. Ich war längst gewohnt, alle diese so merkwürdig zwingenden Worte des Neuen Testamentes nicht bloß moralisch zu nehmen, nicht als Befehle, sondern als freundliche Andeutungen eines wahrhaft Weisen, der uns zuwinkt: ›Probier es einmal, diesen Spruch buchstäblich zu erfüllen, du wirst dich wundern, wie wohl das dir tun wird.‹« Der Kurgast probiert es also. Das ist eine harte Arbeit und dauert die ganze Nacht.

Zunächst führt er sich den Holländer genau vor Augen, in allen Einzelheiten, mit allen körperlichen Eigenarten und Mängeln. Dann stellt er sich vor, wie der Holländer als Kind und Jugendlicher war, wie er schon früh an Asthma litt und den Eltern Sorgen machte. Wie er heiratete, Kinder hatte, wie er langsam älter wurde und unter den ersten ernsthaften gesundheitlichen Problemen litt. So begleitet der Kurgast seinen Zimmernachbarn durch dessen Leben. Allmählich schmelzen die früheren Widerstände und er empfindet Mitleid, ja Sympathie mit diesem Mann. Und nach einer langen, anstrengenden Nacht, in den frühen Morgenstunden hat er es geschafft:

Aus dem Feind ist ein Bruder geworden.

9.

Der goldene Überfluss

Jesus' Worte scheinen nicht allzu oft auf fruchtbaren Boden gefallen zu sein. Enttäuscht und verärgert war er darüber, dass er auch in der Gegend um Kafarnaum, die eigentlich seine neue Heimat war, nicht den ersehnten Erfolg hatte. Bei den Bewohnern der Nachbarorte Chorazin und Betsaida war er auf taube Ohren gestoßen, obwohl er dort viele Wunder vollbracht hatte. Und auch Kafarnaum selbst nahm er nicht von seiner Schelte aus: Die Leute dort sollten sich nicht einbilden, besser zu sein als ihre Nachbarn, meinte er sinngemäß. (Mt 11,20-24) Offenbar hörten ihm die Menschen dort fasziniert, betroffen und manchmal schockiert zu, sie waren dankbar, wenn sie von ihren Leiden befreit wurden, aber auf die innere Umkehr, die er sich bei ihnen erhoffte, wartete er oft vergebens.

Jesus erging es wie dem Mann in einem seiner Gleichnisse, der ein großes Festmahl veranstaltet. (Lk 14,15-24) Jeder der geladenen Gäste hat eine andere Ausrede, um nicht zu kommen. Der eine hat gerade einen Acker gekauft, den er besichtigen muss. Der andere hat vor Kurzem geheiratet und darum keine Zeit. Der Gastgeber ist über die undankbaren Gäste so wütend, dass er seine Diener auf die Straße schickt, um Arme, Krüppel, Blinde und Lahme in sein Haus zu bitten. Die Kranken und Ausgestoßenen vom Rand der Gesellschaft sind nun die Festgäste, von den ursprünglich Eingeladenen will der Hausherr nichts mehr wissen.

War es die Enttäuschung über die Misserfolge in seinem Heimatland Galiläa, die Jesus dazu bewegte, wieder nach Jerusalem zu gehen? Oder wurde der Boden in der Gegend um den See Gennesaret zu heiß? War es eine Frage der Zeit, bis Herodes Antipas ihn festnehmen ließ und ihm dasselbe Schicksal drohte wie Johannes dem Täufer? Oder wollte Jesus nur wie jedes Jahr am Passahfest im Tempel teilnehmen? Jedenfalls wusste er, dass er sich in große Gefahr begab, wenn er in Judäa auftauchte. Die religiösen Führer der Juden hatten längst beschlossen, ihn zu beseitigen. Und dass die Römer kurzen Prozess machten mit jedem, der auch nur im Verdacht stand, die öffentliche Ordnung zu stören, dafür gab es genügend Beispiele.

Seinen Jüngern gegenüber hat Jesus öfter davon gesprochen, dass er leiden müsse und ihm ein schreckliches Ende bevorstehe. Simon Petrus, der unter den Jüngern als Sprecher auftrat, hat das nicht wahrhaben und seinen

Herrn davor bewahren wollen. Er war deshalb von Jesus scharf zurückgewiesen worden. Ihm stand klar vor Augen, was ihm drohte. Aber er wollte dieser Gefahr nicht ausweichen. Das heißt nicht, dass Jesus einem göttlichen Plan folgte. Er suchte auch nicht das Leid und schon gar nicht war er todessüchtig. Im Gegenteil. Er wollte an seiner lebensbejahenden und befreienden Botschaft festhalten und sein Verhalten nicht ändern. Aber wenn er das tat, brachte es ihn in tödliche Feindschaft zu seinen Gegnern. Das war ein Konflikt, der unvermeidbar und vorhersehbar war. Früher oder später musste dieser Konflikt ausgetragen werden. Und dass es für ihn kein gutes Ende geben würde, das stand für Jesus fest. Wollte er eine Entscheidung herbeiführen, indem er in die Höhle des Löwen, nach Jerusalem ging?

Im Frühjahr des Jahres 30 wanderten Jesus und seine Begleiter durch den Jordangraben. Am Ende des dritten Tages kamen sie nach Jericho, jene uralte Oasenstadt, die Herodes der Große zu einem luxuriösen Badeort mit Amphitheater, Pferderennbahn und künstlichen Seen ausgebaut hatte. Die Stadt war voll von Pilgern, die frühzeitig zum Passahfest nach Jerusalem wollten, um vorher die gebotenen Reinigungen vorzunehmen. Das Gedränge in den Gassen war groß, und wo Jesus mit seinem Anhang vorüberkam, bildeten sich Trauben von Schaulustigen, die einen Blick werfen wollten auf den Mann aus Nazaret, über den so viele Geschichten im Umlauf waren.

Als Jesus an einem Maulbeerbaum vorbeiging, sah er in den Zweigen einen Mann, der neugierig zu ihm hinunterspähte. (Lk 19, 1-10) Es war der Oberzöllner Zachäus, der auch schon viel von Jesus gehört hatte und ihn unbedingt sehen wollte. Weil Zachäus sehr klein war, war er auf die Idee gekommen, auf den Baum zu steigen, um eine bessere Sicht zu haben. Als Jesus ihn bemerkte, rief er zu ihm hoch: »Zachäus, komm schnell herunter! Denn ich muss heute in deinem Haus zu Gast sein.« Man kann sich vorstellen, wie der kleine, gut genährte Zöllner hastig vom Baum kletterte. Er war überglücklich, dass der bekannte Rabbi gerade bei ihm einkehren wollte. Die bösen Zungen blieben natürlich nicht aus. Dass Jesus in das Haus eines verhassten Zöllners ging, bestätigte wieder all jene, die ihn für einen gottlosen Hochstapler hielten.

Am nächsten Morgen brachen Jesus und sein Gefolge auf zur letzten Etappe nach Jerusalem, das 25 Kilometer von Jericho entfernt war. Im Strom der Pilger wanderten sie durch die tief eingeschnittene Schlucht des Wadi Qelt hinauf zum Wüstengebirge Judäas. Am Ende des anstrengenden und gefährlichen Weges erreichten sie einen Ort vor den Toren der Heiligen Stadt, der wie die Taufstelle am Jordan auch Betanien hieß. Hier hatte Jesus viele gute Freunde wie Lazarus und dessen Schwestern Maria und Marta, bei denen er während der Festtage, die in sechs Tagen beginnen sollten, eine Bleibe fand.

In Betanien lebte auch ein Mann namens Simon, der

vermutlich ein Pharisäer war. So schlecht Jesus auf die Pharisäer zu sprechen war – immer wieder warnte er vor ihrer Verlogenheit und Doppelzüngigkeit –, so scherte er doch nicht alle über einen Kamm, sondern urteilte von Person zu Person. Simon hatte er von seiner Krankheit, dem Aussatz geheilt, und seitdem waren sie freundschaftlich verbunden. Als Simon hörte, dass Jesus sich in Betanien aufhielt, war er so erfreut, dass er ihn und seine Freunde zu einem großen Festessen einlud. (Mt 26,6-13 parr) Lazarus saß mit am Tisch, und sicher wurde auch über ein Ereignis gesprochen, das immer noch in aller Munde war und weit über Betanien hinaus für Aufsehen gesorgt hatte.

Der Evangelist Johannes erzählt, dass Lazarus schwer erkrankt war und Maria und Marta eine Nachricht an Jesus gesandt hatten, damit er komme und ihren Bruder heile. Doch als Jesus in Betanien ankam, war Lazarus schon gestorben und in einer Felsenhöhle begraben. Doch Jesus hat ihn wieder zum Leben erweckt. (Joh 11,1-44)

Nun sitzt Lazarus am Tisch im Haus des Simon und feiert fröhlich mit den anderen Gästen. Aber natürlich ist er kein Zombie, kein lebender Toter. Was sich genau im Hause des Lazarus ereignet hat, das lässt sich nicht mehr sagen. Aber die Bibel gibt zahlreiche Hinweise dafür, was unter Tod und Auferstehung zu verstehen ist. Der Schlüssel liegt dabei im Begriff der Sünde. Tod und Sünde gehören zusammen.[85] Sünde bedeutet die Trennung von Gott und damit für jeden Menschen den Verlust seiner Ganzheit. Diese Trennung bewirkt auch, dass der Tod als das absolute Ende erscheint. Dieses Ende ist nicht wie der Schluss eines Buches oder eines Films, sondern das Bewusstsein davon durchzieht das ganze Leben, das nun wie von einem Stachel angetrieben wird auf dieses Ende zu. Erst wenn der Tod einen Sinn erhält und nicht mehr das Ende ist, wird auch das Leben ein ganz anderes.

Man könnte auch sagen, dass die Sünde darin besteht, dass ein Mensch mit sich selbst entzweit ist. Und das heißt, Leben bedeutet für ihn nur noch Überleben. Er ist nur noch auf Tatsachen fixiert, von den Sorgen um seinen Beruf, die Familie und die Zukunft wird er schier erdrückt. Danach zu fragen, was für einen Sinn das Ganze haben soll, hat er längst aufgegeben. Wodurch er diesen Sinn finden kann, was also seine »Wiedergeburt« oder Auferstehung bewirkt, ist die Liebe. So heißt es an einer Stelle im Neuen Testament: »Wir wissen, dass wir aus dem Tod in das Leben hinübergegangen sind, weil wir die Brüder lieben. Wer nicht liebt, bleibt im Tod.« (1 Joh 3,14)

War es also Jesus' Liebe, die Lazarus gerettet hat? Jedenfalls war es sozusagen ein geistiges Erdbeben, das Lazarus in seiner ganzen Existenz getroffen und erschüttert hat. Der Evangelist Johannes stand nun vor der Schwierigkeit, dieses Erlebnis irgendwie in Bildern auszudrücken und verständlich zu machen. Es erging ihm dabei wie einem Dichter, der unsichtbare Gefühle und innere Erlebnisse sichtbar und erzählbar machen muss. Fantasie wird dabei zur Kunst, die richtigen Bilder zu finden. Die Evangelisten waren Kinder ihrer Zeit. Sie waren an das Weltbild gebunden, wie es vor zweitausend Jahren bestand. Dieses Weltbild hat sich seitdem gewaltig verändert. Und wir müssen heute zu anderen Bildern und Geschichten greifen, um zu verstehen, was die Bibel uns sagen will.

Beim Festessen in Betanien geht es wohl recht locker und entspannt zu. In Jesus' Nähe scheint es Menschen leichtgefallen zu sein, Rollenbilder abzulegen und Konventionen fallen zu lassen. Äußerst ungewöhnlich ist auch, wie sich Maria, eine der beiden Schwestern des Lazarus, benimmt. (Lk 10,38-42) Während ihre Schwester Marta voll und ganz damit beschäftigt ist, die Gäste und vor allem Jesus zu versorgen, setzt sich Maria einfach zu ihm und hört ihm zu. Das ist ein Verhalten, wie es sich für eine jüdische Frau nicht gehörte.[86] Und verständlicherweise ist Marta sauer, dass sie die ganze Arbeit alleine machen soll. Sie wendet sich an Jesus und fordert ihn auf, Maria zu sagen, dass sie ihr helfen solle. Wider Erwarten nimmt Jesus jedoch Maria in Schutz und kritisiert Marta. »Marta, Marta«, sagt er – und man darf hier einen liebevoll tadelnden und neckischen Ton hinzudenken –, »du machst dir viele Sorgen und Mühen.«

Marta hätte sich eigentlich denken können, dass Jesus

so reagiert. Auch in anderen Situationen hat er deutlich gemacht, dass es ihm wichtiger ist, wenn Leute mit ihm zusammen sein wollen, statt dass sie irgendwelche Pflichten als Gastgeber erfüllen. Denn es ist doch ein freudiges Ereignis, dass Jesus da ist, und Marta will doch eigentlich seine Gegenwart auskosten und nicht einen anstrengenden Abend verbringen. Aber was macht sie? Sie werkelt in der Küche herum, macht Feuer, holt Wasser, bereitet das Essen, stellt Geschirr bereit.[87] Offenbar will sie als tüchtige Hausfrau bewundert werden. Jesus aber wäre es lieber, wenn Marta ihren ganzen Aufwand sein lässt und sich, wie Maria, auch zu ihm setzt.

Im Johannesevangelium wird von einem zweiten Zwischenfall an diesem Abend in Betanien erzählt, bei dem wieder Maria im Mittelpunkt steht. Sie ist es, die Jesus mit einer äußerst kostbaren und wohlriechenden Nardensalbe einreibt. Nun ist es nicht Marta, die sich darüber aufregt. Es ist einer der Jünger namens Judas Ischarioth, der das für eine unverzeihliche Verschwendung hält. Er hätte es für richtiger gefunden, wenn man die Salbe verkauft hätte, um das Geld den Armen zu geben.

Auch dieses Mal ist Jesus anderer Meinung und ergreift wieder Partei für Maria. Er will, dass man sie in Ruhe lässt und dass sie mit ihrer »schönen Tat« weitermacht. Und das Argument mit den Armen lässt er nicht gelten. »Denn die Armen habt ihr allezeit bei euch«, meint er, »mich aber habt ihr nicht allezeit.«

Mancher wird verblüfft gewesen sein über diese Worte. Denn sie passen so gar nicht zu dem Bild von Jesus, der Entbehrung und Armut predigt, der seine Jünger aussandte und ihnen verbot, mehr mitzunehmen als einen Rock, einen Stab und Sandalen. (Mk 6, 8-9) Im Hause des Simon begegnet man einem Jesus, der den Augenblick genießt, der ganz präsent ist, der den Luxus, die »schöne Tat« und das Überflüssige verteidigt und nicht gleich danach fragt, ob damit die Not der Welt beseitigt wird. Jenseits der Frage, ob eine Tat sinnvoll und nützlich ist, öffnet Jesus den Blick für das Zwecklose, für das, was der Dichter Gottfried Keller den »goldenen Überfluss der Welt«[88] genannt hat.

In diesem Überfluss spiegelt sich für Jesus auch die Güte Gottes, die sich verströmt wie das Licht der Sonne, die aufgeht über Gut und Böse, die niemand sich verdienen und niemand herbeizwingen kann. Und nur, wer an diese grundlose und maßlose Güte Gottes glaubt, der wird auch selber fähig sein, absichtslos Gutes zu tun, ohne Hintergedanken und ohne Dank und Beifall zu erwarten. Und nur, wer so handeln kann, der kann auch verstehen, was in den Evangelien mit Tod und Auferstehung gemeint ist.

In Fjodor Dostojewskis Roman *Die Brüder Karamasow* ist es eine vornehme Dame, die dem greisen Mönch Sosima gesteht, dass sie nicht mehr an ein Leben nach dem Tod glaubt. Sie liebt zwar die Menschheit, aber sich um einen einzelnen Menschen zu kümmern, das schafft sie nicht, weil sie dessen Launen nicht erträgt und für ihre Mühe gelobt und belohnt werden will. Für den Mönch Sosima können die Zweifel der Dame nicht durch Worte und Beweise überwunden werden, sondern nur, indem sie ihrem Nächsten mit selbstloser Liebe begegnet. »Geben Sie sich Mühe«, so rät er der Frau, »Ihre Nächsten tätig und unermüdlich zu lieben. In dem Maße, wie Sie Fortschritte machen in der Liebe, werden Sie sich vom Dasein Gottes überzeugen wie auch von der Unsterblichkeit der Seele.«[89]

In den Tagen vor dem Passahfest ist Jerusalem im Ausnahmezustand. Die Atmosphäre ist angespannt. Die Angst vor Unruhen liegt in der Luft. Von überall her strömen die Pilger in die überfüllte Stadt. Vor den Mauern lagern die Menschen in Zelten. Unter den Pilgern, die fröhlich singend vom Ölberg hinab ins Kidrontal wandern und von dort hinaufsteigen zu den Toren der Heiligen Stadt, ist auch Jesus mit seinen Jüngern. Jesus reitet auf einem Esel. Das ist eine Geste der Demut. Kein Vergleich zu Pontius Pilatus, der ansonsten in Caesarea residiert und wie jedes Jahr an den Festtagen mit seinen Truppen in Jerusalem einzieht. Jesus' Begleiter rufen laut »Hosanna!« und schwenken Palmzweige. Aber in dem ganzen Trubel, inmitten der singenden und jubelnden Menschen, fällt das nicht besonders auf.

Im Tempel ist Jesus ein gefragter Mann. Jüdische Männer aus Griechenland wollen ihn unbedingt kennenlernen und mit ihm sprechen. Aber vor allem sind es die religiösen Führer des Volkes, Priester und Schriftgelehrte, die sich ihm in den Weg stellen und ihn in Streitgespräche verwickeln. Immer wieder geht es um die Frage, woher Jesus das Recht nimmt, im Namen Gottes zu sprechen und zu handeln. Die Fragesteller wollen Jesus in die Enge treiben und ihn der Gotteslästerung überführen. Mit den Schriftgelehrten verbündet haben sich die Anhänger der Nachkommen des Königs Herodes, Herodianer genannt. Sie vertreten eine romfreundliche Politik und befürchten Unruhen, wenn die Menge eine charismatische Figur wie Jesus zum Messias ausruft.

Eine Gruppe von Pharisäern und Herodianern ist es dann auch, die im Tempelvorhof auf Jesus zukommt. Die Männer tragen lange, wallende Gewänder und rühmen zunächst Jesus' Weisheit. Doch dann stellen sie eine Frage, die es in sich hat: »Ist es erlaubt, dem Kaiser Steuern zu zahlen oder nicht?« (Mat 22,15-22 parr). Diese Frage ist natürlich eine Falle, eine ziemlich perfide Falle. Denn egal, wie Jesus antwortet, liefert er einen Grund, gegen ihn vorzugehen. Sagt er Ja, dann gilt er beim Volk als Verräter, der die Gesetze der Römer akzeptiert. Sagt er Nein, dann wahrt er zwar beim Volk sein Ansehen, macht sich aber in den Augen der römischen Besatzer zum Aufwiegler.

Wie sich Jesus aus dieser Zwickmühle befreit, das spricht für seine souveräne Gelassenheit, für seinen Humor und für sein schauspielerisches Talent. Denn zunächst bittet er seine Gegner, ihm einen Denar zu geben, so als hätte er diese kleine römische Silbermünze noch nie gesehen. Mit gespielter Naivität fragt er dann auch noch, wer auf dem Geldstück abgebildet ist und was für eine Aufschrift es trägt. Natürlich weiß Jesus, dass auf der Vorderseite des Denars das lorbeergeschmückte Brustbild des Kaisers Tiberius zu sehen ist. Und der umlaufende Text lautet: »Kaiser Tiberius, der verehrungswürdige Sohn des göttlichen Augustus«.[90]

Eine Münze mit diesem Bild und dieser Inschrift ist für einen gläubigen Juden wie ein Schlag ins Gesicht und eine ständige Provokation. Indem Jesus in vorgeblicher Ahnungslosigkeit seine Widersacher dazu bringt, ihm die verpönte Münze zu zeigen, dreht er den Spieß um und konfrontiert sie mit den Tatsachen. Denn die Pharisäer und Herodianer tragen den »Zinsgroschen« in ihren eigenen Taschen, benutzen also dieses Geld und geben damit zu, dass sie sich schon längst mit der römischen Herrschaft arrangiert haben. Die Frage für Jesus ist nur, wie man sich in dieser Situation verhält. Und darauf gibt er die einfache und zugleich geniale Antwort: »So gebt dem Kaiser, was dem Kaiser gehört, und Gott, was Gott gehört!«

Jesus spricht sich mit dieser Antwort nicht dafür aus, Politik von Religion zu trennen. Ihm geht es darum, die

Bedeutung von Politik und Wirtschaft zu relativieren. Der Kaiser hat Macht und die Menschen müssen sich dieser Macht bis zu einem gewissen Grad beugen. Ebenso profitieren Menschen von politischen Maßnahmen und sollen den Forderungen, die daraus an sie entstehen, auch nachkommen. Aber dieser Einfluss und diese Forderungen dürfen nie so weit gehen, dass ein Machthaber oder Politiker totale Macht über Menschen gewinnt. Und umgekehrt dürfen Menschen vor politischen Gewalten nie so viel Angst oder Respekt haben, dass sie sich ihnen total ausliefern. So wie in die römische Münze das Bild des Kaisers eingeprägt ist, so sollte in das Herz eines jeden Menschen das Bild Gottes eingesenkt sein. Darin bestehen die unvergleichliche Würde eines jeden Menschen und seine Freiheit, die ihn gegenüber allen weltlichen Mächten unabhängig macht. Der Mensch gehört Gott und niemandem und nichts sonst, und das macht ihn frei.

Diese Freiheit bewahrt die Menschen aber auch davor, ihre Fähigkeiten zu überschätzen und Ziele anzustreben, die sie Gott überlassen sollten. Ein Politiker soll mit Kompromissen für möglichst friedliche Verhältnisse sorgen, aber er soll nicht das Paradies auf Erden herstellen. Ein Arzt sollte Krankheiten heilen und nicht Seelen retten. Und ein Jurist sollte nach bestem Wissen und Gewissen Recht sprechen, aber nicht das Jüngste Gericht vollstrecken. Auch das heißt es, dem Kaiser zu geben, was dem Kaiser, und Gott, was Gott gehört.

In den Gesprächen mit den Schriftgelehrten lässt sich Jesus nicht in eine Falle locken. Meistens müssen seine Widersacher beschämt oder ratlos wieder abziehen. Dessen ungeachtet ist das Urteil über Jesus längst gefällt. Die Frage ist nur noch, wann und wie man ihn beseitigt. Die Mitglieder des Hohen Rates, der höchsten geistlichen Behörde, versammeln sich im Haus des Hohepriesters Kaiphas und beschließen, die Sache nun möglichst schnell und heimlich zu erledigen. Auf alle Fälle soll das noch vor dem Passahfest geschehen, um keine Unruhen auszulösen. Ebenso will man auffällige Razzien vermeiden.

In ihren Plänen kommt den Männern des Hohen Rates das Angebot eines Mannes sehr gelegen, der seine Hilfe anbietet, um Jesus unauffällig festzunehmen. Es ist jener Judas, der zum engsten Kreis der Leute um den Mann aus Nazaret gehört. Warum dieser Judas seinen Meister ausliefern will, das interessiert die geistlichen Führer nicht. Für sie ist er eben ein nützlicher Handlanger, der für seine Dienste dreißig Silberstücke erhält.

Judas, der aus Karioth stammt und darum Judas Ischarioth genannt wird, ist eine schwer zu durchschauende Gestalt. Zu leicht macht man es sich aber, wenn man ihn nur als Verräter sieht. Judas war ein gesetzestreuer Jude und ein glühender Patriot. Er hat alle seine Hoffnungen in Jesus gelegt. Von ihm hat er erwartet, dass er sich an die Spitze einer Bewegung stellt, um endlich die heidnischen Römer aus dem Land zu verjagen. Dass Jesus solche

Pläne von sich gewiesen hat und also passiv geblieben ist, das hat Judas noch verzweifelter und ungeduldiger gemacht. Mit seiner Aktion hat er sicher nicht beabsichtigt, Jesus ans Messer zu liefern. Wahrscheinlicher ist, dass er die Gefahr für Jesus auf die Spitze treiben wollte, um ihn zum Handeln zu zwingen. Judas wollte, dass Jesus endlich der Messias wird, den er sich immer ersehnt hat.

Tagsüber hielt sich Jesus in Jerusalem auf, abends kehrte er zu seinem Quartier nach Betanien zurück. Zwei Tage vor dem Fest, am dreizehnten Tag des jüdischen Monats Nisan, schickte er zwei Jünger, Petrus und Johannes, voraus, damit sie in Jerusalem einen Raum anmieten, in dem Jesus mit seinen Jüngern ein gemeinsames Festmahl feiern wollte. Ob dieses »Abendmahl« ein traditionelles Passahmahl war, ist bis heute umstritten. Für diese Annahme spricht, dass dieses Festmahl in Jerusalem stattfand. Das Passahmahl durfte nicht außerhalb der Heiligen Stadt abgehalten werden, und auch die darauf folgende Nacht musste man dort verbringen. Die beiden Jünger fanden in der überfüllten Stadt tatsächlich ein geeignetes Zimmer im Obergeschoss einer Herberge und bereiteten alles vor. Abends kam Jesus mit den übrigen Jüngern nach.

Die Männer liegen auf Polstern an einem niedrigen Tisch, auf dem der Wein und die Speisen aufgetragen sind, die alle eine symbolische Bedeutung haben und an die Befreiung Israels aus ägyptischer Gefangenschaft und an Gottes Bund mit seinem Volk erinnern. Das nun beginnende Essen folgt einem festgelegten Ritus. Jedes Mal, wenn vom Wein getrunken wird, spricht Jesus in seiner aramäischen Muttersprache die vorgeschriebenen Gebete. Doch er fügt den überlieferten Texten etwas Neues hinzu. Als er das ungesäuerte Brot, die Matze, austeilt, sagt er: »Nehmt und esst; das ist mein Leib.« Und als er den Kelch mit dem Wein herumreicht, sagt er: »Trinkt alle daraus; das ist mein Blut, das Blut des Bundes, das für alle vergossen wird zur Vergebung der Sünden.« (Mt 26,26-29)

Jesus erinnert an den alten Bund, den Gott nach dem Auszug aus Ägypten mit seinem Volk geschlossen hat, und gleichzeitig will er einen neuen Bund schließen, mit seinen Jüngern und mit allen Menschen. Was ist das aber für ein neuer Bund?

Der alte Bund wurde geschlossen, als Mose auf dem Berg Sinai von Gott die Zehn Gebote erhielt und mit den auf Steintafeln geschriebenen Gesetzen zu seinem Volk zurückkehrte. Der neue Bund gründet sich nicht mehr auf Gebote und Gesetze, die von außen her im Namen Gottes den Menschen vorschreiben, was gut und böse ist. Dieser neue Bund besteht darin, dass Gott den Menschen ganz innerlich wird. Sein Geist ist ihnen wie »ins Herz geschrieben« (Röm 2,15). Er wird zu der befreienden und tragenden Kraft, wie sie Jesus bei der Taufe am Jordan erfahren hat. Dieser Vorgang ist freilich ein geistiger und lässt sich mit Worten kaum beschreiben. Schon eher lässt er sich ganz sinnlich nachvollziehen in der Art, wie Jesus beim letzten Abendmahl handelt: So wie wir Brot essen und in uns aufnehmen und wie wir Wein trinken und ihn uns einverleiben, so wird auch Gott ein »Gott in uns«. Und mit diesem innerlichen Gott verwandelt sich unsere ganze Existenz.

Diese Verwandlung zeigt sich auch daran, wie Gott im alten und neuen Bund handelt. Im Alten Testament tritt Gott manchmal auch zornig, ja rachsüchtig auf. Als ihm das sündhafte Treiben der Menschen zu viel wird, lässt er die Menschen in der Sintflut untergehen. Und die Bewohner der Städte Sodom und Gomorra vernichtet er im Schwefel- und Feuerregen. Im neuen Bund rächt sich Gott nicht an den Menschen, obwohl sie seine Botschaft nicht annehmen und sogar seinen Sohn umbringen wollen. Gott lässt das alles geschehen. Er durchbricht damit die ewige Spirale der Gewalt, die Abfolge von Tat und Rache, von Gewalt und Gegengewalt, die wie ein Naturgesetz die menschliche Geschichte durchzieht und scheinbar bis in alle Ewigkeit nicht gestoppt werden kann. Damit siegt die Liebe über Hass und Zorn, und das Leben über den Tod.

Über dem letzten Abendmahl hing der Schatten von Jesus' Todesahnung. Aber indem er sich in Form von Brot und Wein an seine Jünger weitergab, machte er deutlich, dass der Tod nicht das letzte Wort haben wird. Jesus würde weiterleben – in seinen Jüngern. Schon in den ersten christlichen Gemeinden begingen die Menschen ein gemeinsames Essen, um ihre Gemeinschaft zu stärken, zur Erinnerung an das letzte Abendmahl und um Jesus wieder gegenwärtig werden zu lassen. Und so ist es bis heute.

In der Wiederholung des letzten Abendmahles wird auch die Frage gestellt, wie Gottes Liebe vereinbar ist mit Jesus' Leiden, und nach dem Sinn von Leid überhaupt. Aber diese Frage wird nicht mit Worten und Begriffen beantwortet, weil alle Worte und alle rationalen Erklärungen hier zu kurz greifen. Stattdessen wird eine Antwort gegeben durch zeichenhafte Handlungen wie dem Trinken von Wein und dem Essen einer Hostie. In solchen äußeren Verrichtungen kann ein anderes Verstehen geschehen, ein Verstehen, das einen Menschen tiefer erfasst und auch bis in seine unbewussten Bereiche hinabreicht.[91]

In solchen religiösen Handlungen können sich Mensch und Gott begegnen. Eine Verwandlung, wie Jesus sie gefordert und erhofft hat, wird möglich. Die unsichtbare Wirklichkeit des Göttlichen wird sinnlich erfahrbar. Das Geheimnis der göttlichen Liebe wird auf diese Weise greifbar, fassbar, sichtbar und spürbar. Und gleichzeitig kann ein Mensch durch diese festgelegte Handlung aus der Enge seines Alltags herausgerissen werden, und er entgeht der Gefahr, in den Sorgen und Pflichten seiner Lebenswelt zu versinken.[92]

10.

Pfeile des Teufels und die Sünde der Feigheit

Während des Essens hatte Jesus angedeutet, dass ihn einer der Jünger verraten werde. Alle waren entsetzt gewesen über diesen Verdacht, und jeder wollte von Jesus bestätigt haben, dass er nicht der Verräter sei. Als Judas Ischarioth die Runde vorzeitig verließ, dachte sich keiner der Jünger etwas dabei. Judas war der Kassenwart der Gruppe, und alle glaubten, dass Jesus ihn weggeschickt habe, damit er für die bevorstehenden Feiertage das Nötige besorge.

Judas hatte jedoch anderes vor. Er wusste, dass Jesus an diesem Tag nicht nach Betanien zurückkehren wird. Und im Laufe des Abends hatte er erfahren, dass Jesus nach dem Essen zu einem abgelegenen, ruhigen Landgut mit Ölbäumen im Osten der Stadt gehen will. Das war die Information, die er brauchte und auf die die Tempelbehörde schon ungeduldig wartete.

Mit den anderen Jüngern ging Jesus durch die nächtlichen Gassen Jerusalems. Sie stiegen hinab in das Bachbett des Kidron, um zu dem Garten auf der anderen Uferseite zu gelangen. Auf dem Weg dorthin sprach Jesus davon, dass er weggehen werde, an einen Ort, wohin ihm niemand folgen könne. Die Jünger verstanden nicht, was er damit sagen wollte. Vor allem Petrus weigerte sich zu akzeptieren, dass er sich von Jesus trennen sollte. Überallhin wollte er ihm folgen, und wenn es sein musste, würde er auch sein Leben für ihn geben. Jesus ließ sich von solchen vollmundigen Treueschwüren nicht beeindrucken. Im Gegenteil. Er meinte, dass noch in dieser Nacht sogar seine Freunde an ihm zweifeln und ihn im Stich lassen werden.

Petrus war sicher gekränkt darüber, dass sein Herr so wenig Vertrauen in seine engsten Gefährten hatte, und wenigstens er wollte keinen Zweifel an seiner Treue aufkommen lassen. Selbst wenn alle von ihm abfielen, beteuerte er, so werde er niemals an Jesus zweifeln und immer zu ihm halten. Und er glaubte Jesus nicht, als der sagte: »In dieser Nacht, ehe der Hahn kräht, wirst du mich dreimal verleugnen.« (Mt 26,34)

Der Ort, den die Gruppe aufsuchte, war eine Plantage mit Olivenbäumen, die bekannt war als Garten Getsemani, was so viel heißt wie Ölkelter. In einem kleinen Gehöf wurde hier das Öl aus den geernteten Oliven gepresst. Auf dem Gelände befand sich auch eine Felsengrotte, in der man zur Not auch die Nacht verbringen konnte. Die Jünger waren nach dem langen Tag todmüde und wollten sich auch gleich hinlegen. Jesus aber bat sie, mit ihm wach zu bleiben, denn er konnte nicht schlafen, dazu war er zu unruhig und bedrückt.

Alleine ging er ein paar Schritte abseits, um zu beten. Er war voller Ängste, und er wandte sich an »Abba«, seinen Vater mit der Bitte, wenn möglich doch alles, was ihm an Leiden bevorstand, zu verhindern. Jesus ist in dieser von allen Synoptikern beschriebenen Szene kein furchtloser Held, kein unerschütterlicher Halbgott. Er hat Angst, furchtbare Angst. Und wie schon bei seiner Begegnung mit dem Teufel in der Wüste ist er nicht frei von Zweifeln. Leicht wäre es für ihn zu fliehen, zu seinen Freunden nach Betanien und von dort nach Galiläa. Aber mit einer Flucht würde er alles verraten, was er gelebt und gesagt hat. Mehr denn je zuvor braucht Jesus die Verbindung zu seinem Vater, nichts anderes bedeutet es für ihn, zu beten. Nur in und mit diesem kindlichen Vertrauen zu seinem Vater findet er die Kraft, seine Angst zu überwinden und weiterhin an seine Botschaft zu glauben.

Ganz anders seine Jünger. Als Jesus nach ihnen sieht, findet er sie schlafend. Er weckt sie und fordert sie auf, mit ihm wach zu bleiben, um nicht »in Versuchung« zu kommen. Diese Versuchung bestände darin, den Glauben daran zu verlieren, dass es jenseits einer Welt, die von Macht und Gewalt regiert wird, noch etwas anderes gibt, für das es sich zu leben lohnt. Gerät man in den Strudel dieser Versuchung, wird man immer tiefer hineingezogen in eine depressive Weltsicht, die sich nichts mehr erhofft und sich abfindet mit Ungerechtigkeit, mit Zynismus und Hoffnungslosigkeit. Martin Luther nannte diese fatalen inneren Stimmen die »feurigen Pfeile des Teufels«[93], und er glaubte, dass gerade einsame Menschen von diesen finsteren Gedanken leichter angesteckt werden. Darum warnte er davor, allein zu sein, denn ein einsamer Mensch, so schrieb er, »folgert immer eins aus dem anderen und denkt alles zum Ärgsten«[94].

Jesus wollte »wach« bleiben und er wollte nicht einsam sein. Die Nähe zu seinem Vater bewahrte ihn vor Einsamkeit und jeder Resignation. Seine Jünger dagegen waren ihm keine Stütze. Selbst jene unter ihnen, die ihm besonders nahe waren, Petrus, Jakobus und Johannes, schliefen immer wieder ein, und dass diese Schläfrigkeit zusammenhängt mit ihrer Standfestigkeit, das sollte sich bald zeigen.

Stimmen kamen näher und im nächtlichen Olivengarten tauchten zwischen den Bäumen die Lichter von Fackeln auf. Ein ganzer Trupp von Männern stand schließlich vor Jesus. Es waren Soldaten der Tempelwache mit ihren Hauptleuten, alle bewaffnet mit Schwertern und Stöcken, die im Auftrag des Hohen Rates Jesus verhaften sollten. Auch einige Ratsmitglieder hatten sich angeschlossen. Aus dem Haufen trat Judas hervor. Er ging auf Jesus zu, grüßte ihn mit »Rabbi« und küsste ihn. Das war das verabredete Zeichen, an dem Jesus erkannt werden sollte.

Gleich stürzten sich einige der Männer auf Jesus und nahmen ihn fest. Nun waren auch die Jünger wieder hellwach, allerdings nicht so, wie es sich Jesus gewünscht hatte. Einer von ihnen zog sein Kurzschwert und schlug damit dem Knecht des Hohepriesters ein Ohr ab. Sollte es wirklich, wie der Evangelist Johannes es behauptet, Petrus gewesen sein, der so hitzköpfig handelte, dann war das erneut ein Beweis dafür, wie wenig er Jesus verstanden hatte. (Joh 18,10) Hatte er vergessen, was Jesus über die Friedfertigen und über die Feindesliebe gesagt hatte? War ihm entgangen, wie strikt Jesus jede Form von Gewalt ablehnte? Und auch jetzt fährt er Petrus scharf an, damit aufzuhören, und erinnert ihn noch einmal daran, wohin Gewalt führt, nämlich zu neuer Gewalt: »Denn alle, die zum Schwert greifen, werden durch das Schwert umkommen.« (Mt 26,52) Das ist eine endgültige Absage an jede Gewalt. Und die gilt natürlich auch für jene, die für sich beanspruchen, mit dem Schwert das Gute verteidigen zu wollen.

Als den Jüngern klar wurde, wie ernst die Lage war und dass es jetzt um Leben und Tod ging, verließ sie schnell der Mut. Sie suchten das Weite und Jesus wurde abgeführt. Nur Petrus schlich der Gruppe mit dem Gefangenen hinterher, um zu sehen, was weiter mit seinem Herrn passierte. Jesus wurde in das Haus des Hohepriesters Kaiphas gebracht, ein Palast mit unterirdischen Kammern und Zellen, der vermutlich am Südhang der

Stadt lag. Joseph Kaiphas hatte in die Hohepriesterfamilie des Hannas eingeheiratet und somit den Grundstein gelegt für seine Karriere. Seit dem Jahr 18 n. Chr. hatte er das Amt des Hohepriesters inne, länger als alle seine Vorgänger, und das spricht dafür, dass er sehr gut mit der römischen Besatzungsmacht zusammenarbeitete und sich speziell mit Pontius Pilatus gut verstand.

Kaiphas soll einmal gesagt haben, dass es besser sei, wenn ein einzelner Mensch sterbe, als wenn ein ganzes Volk zugrunde gehe. (Joh 18,14) Diesen Satz kann man als oberste Leitlinie seiner Amtsführung verstehen. Er lebte in der dauernden Sorge, dass die nationalistischen Kreise unter den Juden den Zorn der Römer einmal so weit reizen, dass es zur Katastrophe kommt und das Volk vernichtet wird. Um den Frieden, die Unabhängigkeit des Tempelkultes und nicht zuletzt die Macht seiner Familie zu bewahren, musste er also einerseits den Interessen der Römer entgegenkommen und andererseits die Forderungen seiner Landsleute berücksichtigen. Das war ein diplomatischer Hochseilakt, der bewirkte, dass Kaiphas ein »virtuoser Taktiker und Praktiker«[95] wurde. Den labilen Frieden aufrechtzuerhalten, war sein oberstes Ziel. Und um das Überleben eines ganzen Volkes zu sichern – was wog dagegen schon das Leben eines Einzelnen?

Als Kaiphas im Beisein anderer Mitglieder des Hohen Rates das Verhör mit Jesus durchführte, standen sich zwei völlig verschiedene Welten gegenüber. Denn für

Jesus war jeder einzelne Mensch ein Tempel Gottes. Und niemals hätte er einer Logik zugestimmt, die verlangt, dass ein Mensch geopfert werden muss um eines höheren Ziels willen. Das göttliche Gebot, nicht zu töten, war für Jesus kein Grundsatz, mit dem man taktieren kann. Dieses Gebot gilt absolut. Und wenn jemand einen Menschen tötet, um andere zu retten, dann verstößt er damit gegen jene Humanität, die er eigentlich vertreten will. Insofern ist es das oberste Prinzip jeder wirklichen Moral, dass man Menschen nie als Mittel zum Zweck benutzen darf.

Zwischen dem religiösen Machtpolitiker Kaiphas und dem »Menschensohn« Jesus konnte es nicht zu einer fairen Verhandlung kommen. In den Berichten der Evangelisten wird das Verhör geschildert als eine Farce, ein Schauspiel, um die äußere Form zu wahren. Es werden zwar Zeugen angehört, aber die sind offenbar bestochen, und ihre Aussagen sind so widersprüchlich, dass sich darauf keine Anklage bauen lässt. Für Kaiphas steht das Urteil sowieso schon fest, darum will er keine Zeit mehr verlieren und stellt an Jesus die entscheidende Frage, ob er der Messias sei. »Du hast es gesagt«, antwortet Jesus (Mt 26,64), und das ist eine sehr zweideutige Aussage, denn sie kann ebenso gut bedeuten, dass dies die Meinung des Kaiphas ist. Und in der Tat hat sich Jesus nie als Messias bezeichnet.

Kaiphas hält sich nicht lange damit auf, über Jesus'

Antwort nachzudenken, er will es auch gar nicht. Mit einer theatralischen Geste zerreißt er seine Kleider und behauptet, dass Jesus mit dieser Aussage der Gotteslästerung überführt sei. Alle stimmen ihm zu und fordern die Todesstrafe. Damit fällt die äußere Fassade, und einige der Anwesenden und ihre Handlanger lassen ihrer angestauten Wut auf Jesus freien Lauf. Sie schlagen ihn auf den Kopf und fragen ihn dann, wer ihm die Schläge versetzt hat. Was aus ihnen herausbricht, ist der Ärger darüber, dass diese jämmerliche Gestalt sich anmaßt, der Messias, der Retter Israels zu sein. Statt eines mächtigen Heilsbringers, den sie erwarten, steht da vor ihnen ein abgerissener Zimmermann aus Galiläa, der einen bäuerischen Dialekt spricht, der auf alle Anklagen schweigt, der sich nicht wehren kann. Ein armseliger Niemand! Ein Landstreicher von empörender Lächerlichkeit! Eine Witzfigur!

Während Jesus in den unterirdischen Verliesen von Kaiphas' Palast weiter verspottet und geschlagen wird, kommt es im Innenhof zu einem Zwischenfall. Petrus ist Jesus in sicherem Abstand bis hierher gefolgt und setzt sich nun an das Feuer, das Soldaten und Bedienstete gegen die kalte Frühjahrsnacht entzündet haben. Als der Schein der Flammen auf sein Gesicht fällt, erkennt ihn eine Magd und wirft ihm vor, auch zu den Leuten um den »Nazarener Jesus« zu gehören. Petrus streitet das ab und zieht sich in die dunkleren Vorhallen zurück. Dort trifft er auf einen Knecht, der auch bei der Verhaftung im Garten Getsemani dabei war und glaubt, Petrus wiederzuerkennen. Petrus bestreitet vehement, je in diesem Garten gewesen zu sein. Nun sind aber die Umstehenden auf ihn aufmerksam geworden, weil sie seinen galiläischen Dialekt bemerkt haben, und sie behaupten, dass er sich nun als ein Anhänger dieses Jesus verraten habe. So in die Enge getrieben, fängt Petrus an zu fluchen, und er schwört sogar: »Ich kenne diesen Menschen nicht, von dem ihr redet.« (Mk 14,71)

Im Evangelium des Lukas heißt es an dieser Stelle, dass Jesus sich umwandte und Petrus anblickte. (Lk 22,61) Das ist natürlich eine Unmöglichkeit, weil Jesus sich im Haus des Kaiphas befand und Petrus außerhalb, im Innenhof. Aber um die räumliche Logik geht es hier nicht. Man könnte auch sagen, dass Petrus den Blick Jesu auf sich spürt. In diesem Moment erinnert er sich daran, was ihm Jesus vorausgesagt hat. Ihm wird bewusst, dass er Jesus dreimal verleugnet und jedes Mal der Hahn gekräht hat. »Und er ging hinaus und weinte bitterlich«, so schließt in der Bibel diese Szene. (Lk 22,62)

Wie konnte Jesus voraussehen, wie sich Petrus verhalten wird? War Jesus ein Hellseher? Nein, er kannte Petrus nur sehr gut, und er wusste, dass dieser Jünger dazu neigt, sich selber zu überschätzen. Unter den Jüngern war Petrus immer derjenige, der das Wort führte und die anderen in seiner Treue zu Jesus übertreffen wollte.

Nur blieben seine Taten meist hinter seinen Worten zurück, wie in jener Geschichte, als die Jünger Jesus auf dem Wasser gehen sahen und Petrus ihm folgen wollte. Nur ein paar Schritte machte er, dann ging er unter und musste von Jesus gerettet werden. (Mt 14,22-33)

So ähnlich ergeht es ihm jetzt im Innenhof des Kaiphas-Hauses. Noch kurz vorher hat er selbstbewusst erklärt, dass er für Jesus ins Gefängnis gehen und sogar den Tod auf sich nehmen wolle. Davon war nun nichts mehr übrig. Jesus hat das geahnt, weil er wusste, dass gute Absichten noch lange keine Garantie für gute Taten sind. Im Gegenteil hat Jesus immer wieder darauf hingewiesen, dass niemand gut sein kann, nur weil er gut sein will. Der Wille allein reicht nicht aus. Mehr noch: Je vollmundiger jemand seine guten Absichten betont, desto größer ist der Verdacht, dass er die Unsicherheiten und Ängste, die in ihm lauern, nur mit großen Worten übertönen will. Wenn es dann ernst wird, fallen die hehren Vorsätze in sich zusammen, und nicht selten werden dann aus guten Absichten böse Taten. Der Apostel Paulus geht sogar so weit, zu behaupten, dass der Wille zum Guten die Quelle alles Bösen ist. »Denn ich tue nicht das Gute, das ich will, sondern das Böse, das ich nicht will«, schreibt er in seinem Brief an die römische Gemeinde. (Röm 7,19)

Jesus hat sich diesen Ängsten und Versuchungen immer wieder gestellt, im Kampf mit dem Teufel in der Wüste und im Gebet im Garten Getsemani, und er hat sie im

Vertrauen auf seinen Vater überwunden. Petrus hat geschlafen, statt zu beten. Nun, im Haus des Hohepriesters, wird er von seinen Ängsten eingeholt und förmlich überrollt. In dem Moment, als er Jesus' Blick auf sich spürt, gesteht er sich seine Schwäche ein. Das ist die Chance zu einer Umkehr. Jesus' Blick ist nicht nur vorwurfsvoll und beschämend, er ist auch verstehend und verzeihend. So wie jeder, der allein auf seinen eigenen Willen und seine moralische Stärke setzt, früher oder später scheitern muss und auf Verständnis und Vergebung angewiesen ist.

Zwar haben Kaiphas und Vertreter des Hohen Rates in der nächtlichen Sitzung Jesus für schuldig erklärt und ihn zum Tode verurteilt, aber es war den Juden nicht erlaubt, ein Todesurteil zu vollstrecken. Das lag allein in der Zuständigkeit der römischen Besatzer. So jedenfalls behauptet es der Evangelist Johannes (Joh 18,31), und es gibt tatsächlich Hinweise auf einen Erlass aus dem Jahr 30, der es den Juden verbot, Hinrichtungen durchzuführen.[96] Die religiösen Führer des jüdischen Volkes waren in dieser Sache abhängig vom Statthalter Roms in Jerusalem, vom Prokurator Pontius Pilatus.

In den frühen Morgenstunden des neuen Tages, es war Freitag, der 14. Nisan, wurde Jesus gefesselt zu Pilatus gebracht, der im ehemaligen Palast des Königs Herodes in der Oberstadt residierte. Es war bekannt, dass Pilatus mit den religiösen Streitereien der Juden nichts zu tun haben wollte. Das sollten diese unter sich ausmachen. Von Belang war ein Fall für Pilatus nur dann, wenn die Interessen Roms berührt wurden. Also musste die Anklage gegen den Mann aus Nazaret so umgewendet werden, dass aus dem Gotteslästerer ein politischer Aufrührer wurde. Laut dem Evangelisten Lukas wurde Jesus nun vorgeworfen, dass er das Volk verführe, dass er dazu aufgerufen habe, dem Kaiser keine Steuern zu zahlen, und dass er behauptet habe, der »Messias und König« zu sein. (Lk 23,3)

Ob sich jemand als »Messias« bezeichnete, das war Pilatus vermutlich ziemlich egal. Hellhörig dürfte er wohl geworden sein, als das Wort »König« fiel. Denn in Judäa trieben Räuberbanden ihr Unwesen, die sich einen »König« zum Anführer wählten und Überfälle auf römische Einrichtungen verübten.[97] Doch Pilatus zögerte, den Schuldspruch der Ankläger zu bestätigen. Vielleicht durchschaute er ihre Taktik und wollte sich nicht zum Erfüllungsgehilfen von Leuten machen lassen, die er verachtete. Vielleicht auch konnte er sich beim besten Willen den Angeklagten nicht als einen Räuberhauptmann vorstellen.

Der da vor ihm stand, machte doch einen recht harmlosen Eindruck. Er war nicht aufsässig. Er schwieg zu allen Vorwürfen. Wehrte sich nicht. Und nach allem, was Pilatus gehört hatte, war auch seine Anhängerschaft alles andere als eine Räuberbande. Es waren irgendwelche sonderbaren Frauen und Männer, die wie Obdachlose friedlich durchs Land zogen. Und die Lehren, die sie verbreiteten, waren offenbar nicht gegen Rom gerichtet. Warum also sollte er sich von den jüdischen Führern zwingen lassen, einen harmlosen Spinner wie diesen Mann aus Galiläa hinzurichten?

Andererseits musste Pilatus auf seinen Ruf in Rom achten. Seitdem der Kaiser Tiberius sich aufs Land zurückgezogen hatte, war der Präfekt der Leibgarde Aelius Seianus der mächtigste Mann des Reiches. Er war es auch gewesen, der Pontius Pilatus nach Judäa geschickt hatte. Seianus hasste alle Juden, und Pilatus konnte mit seinem Beifall rechnen, wenn er keine Gelegenheit ausließ, um die Juden zu provozieren und Blutbäder unter ihnen anzurichten. Würde Seianus es verstehen, wenn Pilatus einen Juden ungeschoren davonkommen ließ, der von seinen eigenen Leuten beschuldigt wurde, ein Feind Roms zu sein?

In den Schilderungen der Evangelisten Lukas und Johannes versucht Pilatus, sich der Sache irgendwie zu entledigen. Er schickt Jesus zu Herodes Antipas, der sich ebenfalls in Jerusalem aufhält, damit der als Jude den Fall beurteilt. Und als auch dabei nichts herauskommt, macht er sogar den Vorschlag, zum Passahfest einen Gefangenen freizulassen: entweder den Mann aus Nazaret oder den bekannten »Straßenräuber« (Joh 18,40) und Mörder Barabbas. Pilatus hat sicher damit gerechnet, dass die Ankläger nachgeben und sich dafür entscheiden, den harmlosen Jesus die Freiheit zu geben. Er hat wohl nicht bedacht, dass Barabbas kein gewöhnlicher Verbrecher war, sondern ein »Widerstandskämpfer«, der offenbar an einem Aufstand teilgenommen und dabei auch römische Soldaten getötet hat.[98] Er ist also ein politischer Messias nach dem Geschmack des Volkes, wohingegen der seltsame Rabbi aus Galiläa zwar auch Freiheit verspricht, aber sich gegen jeden Kampf entschieden hat. Es ist daher nicht überraschend, dass sich die Ankläger nicht auf den vorgeschlagenen Handel einlassen. Sie verlangen lautstark die Freilassung des Barabbas und den Tod des Nazareners.

Pilatus hat sich durch sein Lavieren in eine heikle Lage gebracht. Er muss nun einen für die Römer gefährlichen Banditen freilassen. Trotzdem will er dem Drängen der Juden nicht nachgeben. Immer wieder lässt er Jesus vorführen, um mit ihm zu sprechen, wohl um einen triftigen Grund zur Verurteilung aus ihm herauszulocken. Doch entweder schweigt Jesus oder er gibt Antworten, die Pilatus nicht versteht. Es ist, als ob beide in verschiedenen Welten leben und nicht anders können, als aneinander vorbeizureden.

Wenn Jesus von seinem »Königtum« spricht, versteht er etwas ganz anderes darunter als Pilatus. Dieser residiert ja im Palast des ehemaligen Königs der Juden, Herodes des Großen, und dementsprechend ist auch sein Bild eines Königs. Er herrscht über ein Volk, lebt in unvorstellbarem Luxus, hat Macht und befehligt eine Armee. Dass es einen König geben soll, der sich freiwillig erniedrigt, der auf Macht verzichtet und wie ein Bettler unter den Menschen lebt, das ist für Pilatus schlicht unvorstellbar. Auch als Jesus von der »Wahrheit« spricht, für die er Zeugnis ablegen möchte, kann Pilatus nur mit den Schultern zucken: »Was ist Wahrheit?« (Joh 18,38)

Für Pilatus ist der oberste Maßstab der Machterhalt des Römischen Reiches. Was diesem Ziel dient, ist »wahr«, was ihm nicht dient, ist »falsch«. In diesem Sinn kann Wahrheit sehr variabel sein, je nachdem, wie sich die Ziele ändern. So gesehen, ist die Skepsis des Pilatus verständlich. Solche Skepsis ist berechtigt gegenüber Leuten, die behaupten, im Besitz der einzigen Wahrheit zu sein. Das kann keine Wahrheit sein, die frei macht, im Gegenteil, in ihrem Namen werden fremde Gedanken bekämpft und Andersdenkende zu Feinden erklärt. So etwas passiert immer dann, wenn Wahrheit zu einer Lehre gemacht wird, um Menschen vorzuschreiben, was sie zu denken und wie sie zu handeln haben.

Für Jesus ist Wahrheit keine Lehre, keine Sammlung von Vorschriften. Wahrheit, die Jesus meint, ist nie theoretisch, sie ist immer konkret. Er selbst ist diese Wahrheit, und sie zeigt sich darin, wie er gelebt und gewirkt hat, in tiefer Verbundenheit mit seinem Vater. »Ich bin der Weg und die Wahrheit und das Leben«, sagt er bei Johannes

(Joh 14, 6) und will damit auch ein Vorbild geben für ein Leben, das frei ist von Ängsten, von Illusionen, von falschen Autoritäten, von Leben zerstörendem Selbsthass oder schädlicher Selbstüberschätzung. In diesem Sinn ist Jesus der »wahre Mensch« oder, wie die Theologin Dorothee Sölle meinte, der »glücklichste Mensch, der je gelebt hat«.[99]

Pilatus greift nun zu einem letzten Mittel, um sich aus der Affäre zu ziehen. Er gibt den Befehl, Jesus auszupeitschen, in der Hoffnung, dass mit dieser Strafe seine Ankläger endlich zufrieden sind und keine weiteren Forderungen mehr stellen. Die Prozedur der »Geißelung« war beileibe keine milde Strafe, nicht selten endete sie mit dem Tod eines Menschen. Der Verurteilte wurde nackt an eine Säule gebunden, dann schlugen Folterknechte mit Peitschen aus Lederriemen auf ihn ein, in die Eisenspitzen, Bleikugeln und Knochenstücke eingeflochten waren, die bei jedem Schlag einen Fetzen Haut wegrissen. Manchmal wurde diese grausame Bestrafung so lange fortgesetzt, bis bei einem Opfer die Eingeweide offenlagen.[100]

In den Berichten über Jesus' Leiden belassen es die Soldaten des Pilatus nicht bei den körperlichen Qualen. Sie legen ihm einen roten Mantel um die Schultern, drücken ihm eine Krone aus Dornen auf den Kopf und geben ihm ein Rohr als Zepter in die Hand. Dann werfen sie sich vor ihm nieder und verspotten ihn als »König der Juden«, wobei sie ihn immer wieder anspucken und schlagen.

Pilatus lässt den misshandelten und als König drapierten Jesus zur Schau stellen. Das geschieht auf einem Platz vor dem Herodespalast, wo sich inzwischen eine Menschenmenge angesammelt hat. Pilatus, der auf einer überdachten Bühne auf seinem Richterstuhl sitzt, hofft, dass der Anblick des geschundenen und als lächerliche Königsfigur verkleideten Jesus die Leute besänftigt und Mitleid hervorruft. Doch der Pöbel hat sich wie in einen Blutrausch hineingesteigert und fordert wütend den Tod des Mannes aus Nazaret. »Kreuzige, kreuzige!«, schreien die Leute. Und ihre Wortführer stoßen nun eine Drohung aus, die Pilatus an seinem empfindlichsten Punkt trifft. Sie behaupten, dass Pilatus nicht mehr der Freund des Kaisers ist, wenn er Jesus freilässt.

Diese Drohung, sich an den Kaiser in Rom zu wenden und sich dort über ihn zu beschweren, verfehlt nicht ihre Wirkung. Pilatus gibt seinen Widerstand auf. Seine Angst vor dem Kaiser ist größer als seine Zweifel an der Schuld des Angeklagten und sein Widerwille, sich von den Juden erpressen zu lassen. Er wäscht seine Hände in Unschuld und gibt Jesus zur Kreuzigung frei.

Der russische Schriftsteller Michail Bulgakow hat in seinem Roman *Der Meister und Margarita* die Begegnung zwischen Pontius Pilatus und Jesus, der hier Jeshua han-Nasri genannt wird, neu erzählt. Pilatus ist darin ein kranker Mann, der nur seinen Hund liebt und Jesus gegen sein eigenes Gewissen zum Tode verurteilt. In der Nacht nach dem Urteil träumt er, dass er mit Jesus einen Spaziergang macht und Jesus dabei sagt, dass Feigheit eine der schrecklichsten Sünden sei, worauf ihm Pilatus entgegnet: »Nein, Philosoph, ich widerspreche dir: Es ist die schrecklichste Sünde!« Am nächsten Tag lässt Pilatus Levi Matthäus, einen Anhänger Jesu, vorführen und sich das Pergament zeigen, auf dem Levi die Worte seines Meisters aufgeschrieben hat. Pilatus zuckt zusammen, als er die letzte Eintragung entziffert: »... die größte Sünde ... Feigheit ...«[101]

Der römische Philosoph und Politiker Cicero bezeichnete die Kreuzigung als die grausamste und abscheulichste Form der Hinrichtung.[102] Sie diente in erster Linie der Abschreckung und vornehmlich Rebellen und Schwerverbrecher wurden auf diese Weise getötet. Aus antiken Quellen und aufgrund von archäologischen Funden weiß man, wie die Praxis der Kreuzigung ablief, und nimmt man die Schilderungen der Evangelien hinzu, kann man sich ein Bild davon machen, wie Jesus hingerichtet wurde.

Das Exekutionskommando führte Jesus zusammen mit zwei anderen Verurteilten zu einem Hügel vor der Stadt, der von Weitem aussah wie eine Schädeldecke und auf Aramäisch Golgota, also Schädelhöhe hieß. Jesus musste nicht, wie es oft dargestellt wird, das ganze Kreuz tragen, sondern nur den Querbalken. Der war schwer genug, und Jesus war von der Geißelung so geschwächt, dass die Soldaten kurzerhand einem Mann namens Simon, der gerade von der Arbeit auf dem Feld kam, befahlen, den Balken zu schleppen.

Auf der Richtstätte war der Kreuzespfahl schon senkrecht in die Erde gerammt worden. Jesus wurde mit ausgestreckten Armen auf den Querbalken gelegt und durch die Handgelenke am Holz festgenagelt. Anschließend wurde der Balken mit Stricken am senkrechten Pfahl hochgezogen und dort befestigt. Die Füße wurden auf einem kleinen Querholz festgenagelt, damit der Körper nicht durchhängt und der Tod nicht zu schnell eintritt. Oberhalb von Jesus' Kopf wurde eine Holztafel angebracht, auf der sein Vergehen genannt wurde: »Jesus von Nazaret, der König der Juden«. Die jüdischen Oberpriester beschwerten sich zwar über diese Inschrift, weil Jesus nicht wirklich der König der Juden sei, sondern es nur behauptet habe. Aber Pilatus weigerte sich, die Inschrift zu ändern.

Viele Schaulustige sind mit hinauf auf den Schädelberg gewandert. Für sie ist das Ganze ein Spektakel, bei dem sie auch ihren Spaß haben wollen. Sie haben gehört, dass dieser Zimmermann aus Galiläa von sich behauptet habe, er sei Gottes Sohn. Und nun machen sie sich über ihn lustig und fordern Jesus auf, doch seine göttliche Macht zu zeigen und vom Kreuz herunterzusteigen. Unter den

Gaffern sind nur wenige, die Jesus zu seinen Freunden gezählt hat. Der Evangelist Lukas nennt nur einige Frauen, die ihm aus Galiläa gefolgt sind, Maria von Magdala war wohl darunter. Aber wo sind die Jünger? Judas Ischarioth hat sich aus Verzweiflung darüber, was er angerichtet hat, das Leben genommen. Aber wo ist Petrus? Wo sind Jakobus, Matthäus und die anderen?

Bis ein Mann am Kreuz starb oder, richtiger gesagt, bis er jämmerlich krepierte, konnte es Stunden, ja Tage dauern. Manchmal wurden den Hingerichteten die Schienbeine gebrochen, damit sie sich nicht mehr abstützen konnten und rasch erstickten. Jesus musste nicht so lange leiden. Um die neunte Stunde, also gegen fünfzehn Uhr nachmittags, ging es mit ihm zu Ende. Zu dieser Zeit war die Richtstätte wohl ziemlich verlassen. Nur ein paar Soldaten hielten Wache. Die Menschen in Jerusalem waren mit anderen Dingen beschäftigt. Mit der Dunkelheit begann das Passahfest und alle Vorbereitungen mussten noch getroffen werden. In seinem Todeskampf war Jesus alleine. Sogar von seinem Vater fühlte er sich verlassen. In seiner aramäischen Muttersprache rief er laut: »Elohi, Elohi, lama sabachthani?«, was übersetzt heißt: »Mein Gott, mein Gott, warum hast du mich verlassen?« Kurz darauf fiel sein Kopf zur Seite und mit einem lauten Schrei starb er.

Irgendwo in Jerusalem waren die Jünger Jesu. Sie hatten sich versteckt, weil sie fürchteten, auch verhaftet zu werden. Der Tod ihres Meisters war für sie ein Schock. Was anders sollten sie denken, als dass nun alles vorbei war? Die Sache mit Jesus war gescheitert. Ihr Meister hing wie ein gewöhnlicher Verbrecher am Kreuz.

Es waren nicht die Jünger, die sich um den Leichnam kümmerten. Ein Mann namens Joseph von Arimathäa, ein vornehmer Jude und Ratsherr, holte sich von Pontius Pilatus die Erlaubnis, den toten Jesus von Nazaret vom Kreuz nehmen und bestatten zu dürfen. Er musste sich beeilen, denn während des Passahfestes waren Begräbnisse verboten. Der Leichnam wurde in Leinentücher gewickelt und dann nicht weit vom Hinrichtungsort in eine Felsennische gelegt.[103] Dann wurde das Grab mit einem Rollstein verschlossen.

11.

Auf dem Weg nach Emmaus

Jesus von Nazaret war ungefähr dreiunddreißig Jahre alt, als er hingerichtet wurde. Kein anderer Religionsstifter ist so jung gestorben, und kein anderer hat nur so kurze Zeit in der Öffentlichkeit gewirkt. Der Theologe Romano Guardini war der Meinung, dass dieser frühe Tod nicht hätte sein müssen, und er stellte sich einen Jesus vor, »der nicht dreiunddreißig, sondern fünfzig, achtzig, hundert Jahre alt geworden wäre«.[104] Was hätte, so stellt Guardini bedauernd fest, ein Jesus als alter Mann oder Greis nicht noch alles sagen und bewirken können!

Jesus selbst hat allerdings keinen Wert darauf gelegt, alt zu werden. Im Gegenteil, er hat davor gewarnt, sich zu viel von der Zukunft zu erhoffen und darüber das Hier und Jetzt zu vergessen. In einem Gleichnis (Lk 12,16-20) erzählte er von einem reichen Mann, der große Pläne hat. Er will riesige Scheunen bauen, um auf Jahre hinweg Vorräte zu haben und dann sein Leben in vollen Zügen genießen zu können. Aber er ist ein Narr, denn noch in der gleichen Nacht stirbt er und seine Träume von einem glücklichen Leben sind nichtig. Er hat zwar seine Zukunft abgesichert, aber vor Gott, so heißt es, ist sein Leben »nicht reich«.

Wichtiger, als lange zu leben, so will Jesus mit dieser Geschichte auch sagen, ist es, »richtig« zu leben. Er stellt damit eine Forderung auf, die auch der römische Philosoph Seneca, der zur gleichen Zeit wie Jesus lebte, aber viel älter wurde als dieser, erhoben hat. Weiße Haare, Falten und Runzeln sind für Seneca noch lange kein Beweis dafür, dass ein Mensch lange gelebt hat. Man könne höchstens sagen, so Seneca, dass so jemand »lange da gewesen« sei. Leben bedeutet für ihn etwas anderes. Und was Seneca über die verzweifelten Versuche der Menschen schreibt, ihr Leben zu verlängern, das passt auch noch in eine Zeit, in der dank des medizinischen Fortschritts die Menschen immer älter werden: »Nun, so sieh zu, auf wie lange Lebenszeit ihre Wünsche gerichtet sind. Hinfällige Greise betteln mit Gelübden um einen Zusatz von wenigen Jahren; sie stellen sich selbst als jünger hin, schmeicheln sich selbst mit der Lüge und betrügen sich selbst mit so freudigem Eifer, als ob sie damit zugleich auch dem Schicksal ein Schnippchen schlügen. Und wenn irgendwelcher Schwächeanfall sie an ihre Sterblichkeit mahnt, wie zittern sie da vor dem Tode, nicht als träten sie aus dem Leben aus, sondern als würden sie mit Gewalt daraus entfernt. Toren seien sie gewesen, die kein wirkliches Leben geführt hätten – so jammern sie –, und wenn sie diese Krankheit überständen, dann wollten sie in Muße leben; dann werden sie sich klar darüber, dass sie sich blindlings mit Dingen abgegeben haben, die ihnen keinen Nutzen bringen, und dass ihr ganzes Tun und Treiben ein nichtiges war.«[105]

In dem Wunsch nach einem möglichst langen Leben und danach, möglichst lange jung zu bleiben, steckt die Sehnsucht nach Unsterblichkeit. Aber wenn die Menschen unsterblich wären, dann gäbe es keinen Grund, das Leben besonders ernst zu nehmen, es bliebe ja unbegrenzt viel Zeit, etwas zu ändern. Erst der Tod macht das Leben endlich und damit wertvoll. Erst der Tod erzieht dazu, das Leben ernst zu nehmen. Und schrecklich ist der Tod nur dann, wenn er einem Leben ein Ende setzt, mit dem man unzufrieden ist, das man schlimmstenfalls für misslungen, verpfuscht, vertan hält.

Der Tod setzt das Leben sozusagen unter Druck. Und dieser Druck führt bei vielen Menschen zu der Angst, etwas zu versäumen oder ihre Tage nicht genügend auszufüllen. Und so stürzen sie sich in immer neue Unternehmungen, sie häufen Ämter an, machen unentwegt Reisen, fliehen vor Stille und Stillstand. Für Seneca ist das eine leere Getriebenheit. Richtiges Leben bedeutet für ihn, sorgsam mit der Zeit umzugehen, sich unabhängig zu machen von anderen Menschen und sich mit den wirklich wichtigen Fragen zu beschäftigen.

Auch Jesus hat die Frage nach dem »richtigen« Leben gestellt, besonders wenn er vom »Reich Gottes« geredet hat. Aber anders als der Philosoph Seneca sah er die Lösung nicht darin, sich selbst zu erziehen und souverän und unabhängig zu werden. Für Jesus ist ein gelungenes Leben nur möglich, wenn Menschen auf einen liebenden Gottvater vertrauen, der nicht von dieser Welt ist. Jesus hat dieses Urvertrauen gelebt und ist so der »wahre Mensch« geworden, der »glücklichste Mensch«, wie Dorothee Sölle sagte, oder »der liebevollste Mensch«, der je gelebt habe, wie ihn der dänische Philosoph Sören Kierkegaard genannt hat.[106]

Aber wieso musste der glücklichste, liebevollste Mensch sterben? Und wieso war dieses Ende notwendig? Jesus' Tod war schließlich kein Zufall. Er kam auch nicht bei einem Unfall ums Leben und starb auch nicht an einem Schlaganfall. Er hat diesen gewaltsamen Tod vorausgesehen und ihn bewusst in Kauf genommen. Und jeden, der ihn davon abzubringen versuchte, hat er empört zurückgewiesen. Aber warum musste die Erlösung, die Jesus versprochen hat, mit Leid und Tod verbunden sein? Und was hat es zu bedeuten, dass Jesus immer wieder davon sprach, dass er auferstehen werde und dass er »nach Galiläa« vorausgehen und dort seine Jünger wiedersehen werde? (Mk 16,7)

Die Jünger haben das alles nicht verstanden. Für sie war mit der Kreuzigung ihres Herrn alles aus. Sie versteckten sich ängstlich in Jerusalem oder kehrten zurück nach Galiläa in ihre Dörfer und nahmen ihre alte Arbeit wieder auf. Damit war die Geschichte mit Jesus aber nicht zu Ende. Allmählich begannen sie die Worte Jesu zu verstehen und was es mit seinem Tod auf sich hatte. Dieses Verstehen war ein langer Weg. Der Evangelist Lukas hat diesen Prozess geschildert wie einen langen Fußweg, den die Freunde Jesu zu gehen hatten.

In dieser Geschichte (Lk 24,13-35) sind es zwei Jünger, die drei Tage nach dem Tod ihres Meisters von Jerusalem in das Dorf Emmaus gehen, was ungefähr eine Strecke von elf Kilometern ist. Die zwei Männer – einer von ihnen heißt Kleopas, der Name des anderen wird nicht genannt – sind ganz vertieft ins Gespräch über alles, was sich in den letzten Tagen ereignet hat, als ein Fremder zu ihnen stößt und sich ihnen anschließt. Es ist Jesus, aber die beiden Wanderer erkennen ihn nicht. Der Fremde fragt die beiden, worüber sie reden. Kleopas kann es nicht fassen, dass jemand nicht mitbekommen hat, was in Jerusalem passiert ist. Und er erzählt von Jesus von Nazaret, dem »Propheten«, den die Hohepriester und Führer des jüdischen Volkes zum Tode verurteilt haben und der ans Kreuz geschlagen worden ist.

Kleopas und sein Freund sind tieftraurig über diesen Tod, denn sie hatten gehofft, dass dieser Jesus Israel erlösen werde. Der tote Jesus wurde in ein Grab gelegt, aber nach dem Begräbnis haben sich laut Kleopas merkwürdige Dinge zugetragen. Zwei Frauen seien in den frühen Morgenstunden zum Grab gegangen, aber sie hätten den Leichnam nicht vorgefunden. Den Jüngern erzählten sie dann, dass ihnen Engel erschienen seien, die gesagt hätten, dass Jesus lebe. Daraufhin seien einige der Jünger zum Grab gegangen und hätten es ebenfalls leer vorgefunden.

Der Fremde hat aufmerksam zugehört, und seine Unruhe darüber, wie verständnislos die beiden Jünger über die Ereignisse reden, wurde immer größer. »Begreift ihr denn nicht?«, fährt er nun aufgeregt dazwischen. Und er fängt an, ihnen zu erklären, dass das Schicksal des Messias schon in den alten Schriften vorausgesagt war und warum er all das erleiden musste. Die lange Rede des Fremden hat keine große Wirkung. Den beiden Jüngern geht bei den Worten des Fremden das Herz auf, aber sie kapieren immer noch nichts.

Inzwischen sind die drei Wanderer im Dorf Emmaus angekommen. Der Fremde macht Anstalten, alleine weiterzugehen. Aber er lässt sich von den beiden Freunden überreden, bei ihnen zu bleiben, denn es wird schon Abend. Als sie im Gasthof gemeinsam am Tisch sitzen, spricht der Fremde ein Dankgebet, bricht das Brot und gibt es seinen Begleitern. Da plötzlich geht ihnen ein Licht auf. Sie erkennen Jesus. Aber im gleichen Moment sehen sie ihn nicht mehr.

Noch am selben Abend machen sich die beiden auf den

Weg zurück nach Jerusalem. Dort treffen sie die anderen Jünger, die ganz aufgeregt sind und erzählen, dass der Herr auferstanden ist und dem Simon Petrus erschienen sei. Kleopas und sein Freund erzählen daraufhin, was sie erlebt haben, dass sie Jesus begegnet seien und ihn erkannt hätten, als er das Brot gebrochen habe.

Diese Geschichte erzählt der Evangelist Lukas, um begreiflich zu machen, welchen Weg die Jünger Jesu zurücklegen mussten und welchen Weg wir heute noch gehen müssen, um Jesus als einem Lebenden und Gegenwärtigen zu begegnen. Ausgangspunkt ist dabei die Situation nach dem Tod Jesu. Eine Situation, wie sie seine Anhänger vor zweitausend Jahren hautnah erlebt haben und wie sie seitdem Menschen immer wieder erleben. Eine Situation, für die der Philosoph Friedrich Nietzsche das Schlagwort geprägt hat: »Gott ist tot.«[107] Was das heißt, davon geben die Emmaus-Jünger ein eindrückliches Beispiel.

Sie haben gerade die größte Katastrophe ihres Lebens hinter sich. Der Mann, in den sie all ihre Hoffnungen gelegt hatten, der sie so beeindruckt hat, dass sie ihre Familien verlassen und ihre Berufe aufgegeben haben, um ihm zu folgen, der ihrem Leben einen neuen Sinn gegeben hat – dieser Mann ist von den politischen und religiösen Machthabern wie ein Verbrecher aus dem Weg geräumt worden. Und das Leben geht einfach weiter, so als ob nichts passiert wäre. In Jerusalem wurde das Passahfest gefeiert, von dem blutigen Geschehen auf Golgota nahm kaum einer Notiz, und bald wird keiner mehr wissen, wer dieser Zimmermann aus Nazaret war. Unendlich fern ist nun wieder eine Welt, wie sie Jesus in seinen Predigten versprochen hat. Eine Welt, die den Sanften und Friedfertigen gehören soll und in der man seine Feinde nicht verfolgt oder tötet, sondern liebt.

Nun hat sich doch wieder gezeigt, dass die Welt anders funktioniert. Menschen machen ihre Feinde mundtot oder bringen sie gleich zur Strecke. Die Regeln, die in der Welt gelten, werden bestimmt von den Interessen der politischen und religiösen Führer. Und wer diese Realitäten nicht wahrhaben will, was ist der anderes als ein blauäugiger Idealist, ein wirklichkeitsfremder Träumer?

Die Emmaus-Jünger sind auf dem besten Wege dazu, hoffnungslose Realisten zu werden oder sogar Zyniker. Und sie haben auch allen Grund zu verzweifeln, wenn sie daran denken, wie sich Jesus' engste Freunde verhalten haben. Petrus hat Jesus verleumdet und die anderen sind wie Angsthasen davongelaufen. Hat sich in diesen Momenten nicht gezeigt, dass sie im Grunde nicht an das geglaubt haben, was Jesus getan und gesagt hat? Aber noch versinken die Jünger nicht in ihrer Depression. Die Erinnerung an Jesus ist noch stark. Auf dem Weg nach Emmaus reden sie über vieles, was sie mit ihm erlebt haben.

Jesus hat sie nicht fallen gelassen. Er geht mit ihnen. Aber merkwürdigerweise erkennen ihn Kleopas und sein Begleiter nicht, obwohl sie doch monatelang oder sogar jahrelang an seiner Seite waren. Wie kommt das? Der Grund dafür wird in der Lukas-Erzählung genannt: Die Jünger haben nämlich keine Erklärung für das, was in Jerusalem passiert ist. Sie erkennen nicht den Sinn der Ereignisse und schon gar nicht den Sinn seines Todes. Und solange sie diesen Sinn nicht verstehen, erkennen sie Jesus nicht.

Kein Wunder, dass Jesus in dieser Geschichte etwas ungehalten ist. Er hat es nicht leicht mit seinen Jüngern. Schon zu seinen Lebzeiten hat er ihnen immer wieder zu erklären versucht, warum er so handelt und warum er in den Tod gehen muss. Und manchmal war es zum Haareraufen, dass sie ihn einfach nicht verstehen wollten. Auch Kleopas und sein Freund hängen immer noch an falschen Vorstellungen. Für einen »Propheten« halten sie ihn, der Israel erlösen werde. Dabei hat er ihnen tausendmal gesagt, dass er als der »Menschensohn« nicht ein Volk retten will, sondern gekommen ist, um sich der einzelnen Menschen anzunehmen, der Ausgestoßenen, der Kranken und Schwachen.

Was Jesus den Emmaus-Jüngern erzählt, ist nichts Neues. Er hat es schon oft gesagt. Die Jünger brauchen sich nur zu erinnern. Diesen Rat haben auch die Frauen bekommen, die nach dem Lukas-Evangelium als Erste zum leeren Grab kamen. Statt des toten Jesus waren da zwei Engel, die ihnen sagten, dass sie den »Lebenden« nicht bei den »Toten« suchen sollten. »Erinnert euch, was er euch gesagt hat, als er noch in Galiläa war«, forderten die Engel sie auf. (Lk 24,6)

Auch die Emmaus-Jünger sollen sich daran erinnern, was Jesus gesagt hat, als sie noch gemeinsam in Galiläa von Dorf zu Dorf wanderten und Jesus Kranke heilte und Menschen »ganz« machte. Hat er nicht gesagt, dass das Weizenkorn in die Erde fallen und sterben muss, damit es Frucht bringt? Hat er nicht gesagt, dass nur einer »gut« ist, nämlich Gott? Hat er nicht gesagt, dass derjenige sein Leben verlieren wird, der es ängstlich zu erhalten sucht? Hat er nicht gesagt, dass Menschen wichtiger sind als Gesetze? Hat er nicht gesagt, dass Gott in jedem Menschen wohnt und der ganze Opferkult mit seiner Geschäftemacherei überflüssig ist? Hat er nicht gesagt, dass jeder Mensch für Gott unendlich wertvoll ist und er sich deshalb sein Leben nicht beschweren soll mit unnötigen Sorgen und Pflichten?[108]

Wer nach solchen Worten lebt, der macht sich unwillkürlich Feinde. Der zieht den Argwohn und den Hass von Menschen auf sich, die sich ängstlich an ihr Leben klammern, die panisch dem Tod entkommen wollen, die sich bedenkenlos Gesetzen und Autoritäten unterwerfen, die um ihre Karriere und ihren Einfluss fürchten und die den Tod von Menschen in Kauf nehmen, wenn es nur ihren Zwecken dient. Denn nichts ist bedrohlicher für diejenigen, die in Sachzwängen und Ängsten befangen sind, als ein Mensch, der wirklich frei ist, weil er aus einem unerschütterlichen Gottvertrauen lebt.

Es ist ein merkwürdiges Paradox, dass sich Menschen einerseits nach nichts so sehr sehnen wie danach, von ihren Ängsten befreit zu werden, und andererseits den Menschen verfolgen und töten, der ihnen zu einem »richtigen« Leben verhelfen will. Es ist, als fürchteten sie nichts so sehr wie ihre Heilung. Aber wenn Jesus recht hat, dann haben sie unrecht. Dann gäbe es keinen Grund, so weiterzuleben wie bisher, dann müssten sie »umkehren«, also ihr Leben radikal ändern. Jesus hält ihnen den Spiegel vor. An seinem Beispiel wird sichtbar, dass ihr Leben falsch ist. Und das ist ihnen unerträglich. Darum müssen sie ihn töten.

Jesus durfte sich nicht dem entziehen, was an Leiden auf ihn zukam. Er durfte nicht nach Galiläa fliehen und sich dort verstecken. Er durfte sich nicht wehren. Hätte er sich gewehrt, wäre er geflohen, dann wäre er in den Teufelskreis von Angst und Gewalt eingetreten, den er gerade überwinden wollte. Er hätte sich seinen Gegnern gleichgemacht. Jesus ist sich aber bis zum Schluss treu geblieben. Er hat sein Gottvertrauen nicht verloren. Darum war sein Tod ein Sieg. Und wenn wir davon sprechen, dass Jesus »für uns« gestorben ist, dann heißt das nicht, dass ein grausamer Gottvater seinen Sohn geopfert hat und wir zeitlebens ein schlechtes Gewissen haben müssten. Diese Formel will ausdrücken, dass Jesus ein für alle Mal gezeigt hat, dass es auch anders geht, dass ein anderes Leben möglich ist. Er traut es uns zu, dass wir es ihm nachmachen, dass wir ihm nachfolgen können – auch nach seinem Tod.

Kleopas und sein Freund haben dem Fremden aufmerksam zugehört. Sie sind immer noch »blind«, aber ihre Aufmerksamkeit ist geweckt. Sie sind Suchende in dem Sinne, wie sie der Philosoph und Mathematiker Blaise Pascal beschrieben hat, als Menschen, die Gott nicht »erkannt« haben, aber ihn »von ganzem Herzen suchen«.[109] Und diese Suche kann nur, wie es im Evangelium heißt, mit »brennendem Herzen« geschehen, mit vernünftigen Argumenten oder wissenschaftlichen Belehrungen kommt man hier nicht weiter. Die Jünger sind so ergriffen, dass sie den Fremden nicht ziehen lassen wollen. Sie wollen nicht allein sein und Gefahr laufen, wieder in ihre dumpfe Trauer zurückzufallen.

Gemeinsam kehren sie ein und sitzen an einem Tisch. Und nun, als der Fremde das Brot bricht, gehen den beiden Jüngern die Augen auf. Sie erkennen, dass der Fremde Jesus ist, und im gleichen Augenblick verschwindet er. Seine körperliche Anwesenheit ist auch nicht mehr nötig. Denn die Jünger haben nun verstanden, was ihnen Jesus sagen wollte. Und dieses Verstehen oder dieser Glaube sind so übermächtig, so ergreifend, so mitreißend, so durchdringend, dass die Jünger wie verwandelt sind und das Gefühl haben, als wäre Jesus da und würde mit ihnen reden.

Die beiden Emmaus-Jünger kehren zurück nach Jerusalem und auch diese Stadt hat sich verwandelt. Der Ort, an dem sie ihre Hoffnungen begraben haben, ist zu einem Ort der Zuversicht, der Zukunft geworden, zu einem Ort nicht der Toten, sondern der Lebenden. Auch die anderen Jünger sind nicht wiederzuerkennen. Sie behaupten, dass der Herr auferstanden sei und Simon Petrus erschienen sei. Vielen anderen wird es noch ähnlich ergehen. Und am Schawuot-Fest, dem späteren Pfingsten, verlassen die vorher so verängstigten und kleinmütigen Jünger die Häuser, in denen sie sich versteckt haben. Sie treten ins Freie, auf Straßen und Plätze, und reden wie entflammt zu anderen Menschen, von denen sie wundersamerweise auch verstanden werden, obwohl diese aus fernen Ländern kommen und andere Sprachen sprechen. (Apg 2,1-13) Wo Jesus lebt, wo sein Geist weht, da scheint es keine Barrieren mehr zu geben, da entsteht Gemeinschaft wie von selbst.

Viele Jahre später haben sich die Evangelisten daran gemacht, die Geschichte des Jesus von Nazaret aufzuschreiben. Sie haben Leute befragt, Dokumente sichergestellt und Erzählungen gesammelt, die noch von Jesus im

Umlauf waren. Als sie auch von den Ereignissen nach dem Tod Jesu berichten wollten, standen sie vor einem großen Problem. Wie sollten sie glaubhaft schildern, was es bedeutet, dass Jesus »auferstanden« ist? Wie sollten sie den auferstandenen Jesus beschreiben? Er ist ja kein Geist oder ein Gespenst, das durch die Luft schwebt und durch Wände geht. Auch kein Zombie, der als lebender Toter herumläuft. Andererseits ist der auferstandene Jesus auch nicht nur eine Einbildung der Jünger, keine Halluzination, die entstanden ist aus ihrem übermächtigen Wunsch, Jesus möchte weiter bei ihnen sein.

Was die Verfasser der Evangelien darstellen wollten, ist ein geistiges Erlebnis, das eben nicht nur subjektiv ist, sondern auch so »wirklich« wie ein Baum oder ein Mensch, den man sieht und den man anfassen kann. Um diese Wirklichkeit glaubhaft zu machen, haben Evangelisten wie Lukas und Johannes den auferstandenen Jesus geschildert wie einen Menschen aus Fleisch und Blut, der aber gleichzeitig wie ein Geist auftauchen und wieder verschwinden kann. Seine Körperlichkeit sollte der Beweis sein für seine Wirklichkeit. In einer Szene bei Johannes isst Jesus vor den Augen der Jünger sogar einen Fisch, um seine Realität zu beweisen, und er fordert den ungläubigen Thomas auf, seine Wundmale zu berühren. Zu solchen drastischen Schilderungen hat Johannes gegriffen, um deutlich zu machen, wie lebendig und anwesend Jesus von jenen Menschen erfahren wurde, denen er erschienen ist. Dass man diese Schilderungen nicht wörtlich nehmen darf, davor schützen die Aussagen von Jesus selbst. Immer hat er es abgelehnt, dass Wunder als Beweise für seine Botschaft gelten sollten. Und auch als Auferstandener hat er jene zurechtgewiesen, für die nur das wirklich ist, was sie mit eigenen Augen sehen und mit ihren Händen anfassen können: »Selig sind, die nicht sehen und doch glauben.« (Joh 20,29)

Alle Zeugnisse im Neuen Testament zeigen, dass Auferstehung an Glauben gebunden ist oder richtiger gesagt, an Bereitschaft und Offenheit, die zu Glauben werden können. Was am Passahfest oder, wie man später sagte, an »Ostern« passiert ist, das kann nicht historisch bewiesen werden, es erschließt sich allein jenen, die sich von Jesus' Worten berühren lassen. Darum erscheint Jesus auch nicht seinen Gegnern, nicht Pontius Pilatus und auch nicht dem Hohepriester Kaiphas oder einem Tempelpriester. Für sie war das, was Jesus gesagt hat, nur Gotteslästerung oder gefährlicher Unsinn. Nur wer ein »brennendes Herz« hat und wer sich die Augen öffnen lässt, der kann Jesus »sehen« und ihn »erkennen« – so wie es bei den Emmaus-Jüngern der Fall war. Ihr Beispiel zeigt auch, dass Auferstehung nicht Glauben voraussetzt, sondern erst Glauben schafft. Indem sie sich erinnern, was Jesus gesagt hat, wird er wieder lebendig – und im gleichen Moment verschwindet er.

Der Erste, der über die Erscheinungen des auferstandenen Jesus berichtet hat, war der Apostel Paulus. In seinem Brief an die Gemeinde von Korinth, den er ungefähr fünfundzwanzig Jahre nach Jesus' Tod geschrieben hat, gibt er ein Wissen weiter, das anscheinend schon zum festen Bestand der Jerusalemer Gemeinde gehörte: dass nämlich Christus zuerst Simon Petrus erschienen ist, dann seinen anderen Jüngern und dann noch »fünfhundert Brüdern auf einmal«. Zuletzt, so schreibt Paulus, sei er auch ihm erschienen. (1 Kor 15,3-8)

Was Paulus meint, ist sein Zusammenbruch vor Damaskus, der sich nur wenige Jahre nach der Hinrichtung Jesu ereignet hat. Als überzeugter Pharisäer und hasserfüllter Feind der Jesus-Bewegung war er unterwegs nach Damaskus gewesen, um eine dahin versprengte Gruppe der Jesus-Leute aufzufinden und unschädlich zu machen. Kurz vor seinem Ziel stürzte er zu Boden. Ein Licht blendete ihn und er hörte eine Stimme. Nach dieser Erscheinung war Paulus nicht mehr derselbe. Aus dem fanatischen Verfolger der »Nazarener« war ein glühender Anhänger des neuen Glaubens geworden. Paulus greift in seinen Briefen zu drastischen Worten, um auszudrücken, wie radikal er sich verändert hat. Sein vorheriges Leben kommt ihm nun vor »wie Dreck« (Phil 3,8), er fühlt sich wie ein neuer Mensch. Die ganze Wirklichkeit erscheint ihm nun als eine »neue Schöpfung« (Gal 6,15).

Zentral für diese neue Wirklichkeit ist für Paulus, dass die Menschen, die daran teilhaben, mit Gott versöhnt sind. Verbleiben sie in der alten Wirklichkeit, sind sie das nicht. Sie denken, dass sie vor Gottes Augen nicht bestehen können, dass sie nicht gut genug, nicht schön genug, nicht wichtig genug sind. Darum versuchen sie, auf alle möglichen Weisen, Gott zu gefallen und ihn gnädig zu stimmen, durch Opfer, durch Gottesdienste, durch ein vorbildliches moralisches Verhalten oder gute Taten. Aber all diese frommen Werke und aller religiöser Eifer sind vergeblich, weil sie auf einem Irrtum beruhen, dem Irrtum, dass Gott uns feindlich gegenübersteht, dass er versöhnt werden muss. Er ist längst versöhnt, er war es immer schon.

Wer sich von Gott abgelehnt fühlt, der lehnt sich auch selber ab und benimmt sich auch gegen seine Mitmenschen feindselig. Ebenso wie wir versuchen, Gott zu gefallen, so wollen wir auch vor unseren eigenen Augen annehmbar sein. Wenn uns das nicht gelingt, dann verlieren wir die Achtung vor uns selber, und zuletzt hassen wir uns oder empfinden Ekel vor uns. Hermann Hesse hat mit dem Beamten Friedrich Klein eine Figur geschaffen, die aus ihrer Selbstverachtung nicht mehr herauskommt.[110] Kaum ist er einmal von einer »schönen Zuversicht« erfüllt, misstraut er ihr auch schon. Ständig kritisiert und schulmeistert er an sich herum und kann sich selbst nicht ausstehen. Dieser Friedrich Klein kann einfach nicht ja zu sich sagen, er schafft es nicht, mit sich einverstanden zu sein. Und je weniger er sich selber leiden kann, desto feindseliger wird sein Verhalten gegen seine Mitmenschen. Er fühlt sich von ihnen abgelehnt, und da alle Anstrengungen, anerkannt und geliebt zu werden, scheitern, steigert er sich immer mehr hinein in seinen Selbsthass und in seinen Argwohn anderen gegenüber. Erst am Ende seines Lebens wird ihm blitzartig bewusst, was ihm gefehlt hat. Friedrich Klein konnte sich nicht »fallen lassen«. Er konnte sich nicht, so würde es der Apostel Paulus sagen, »versöhnen« lassen.

Für den Theologen Paul Tillich gehören die Versöhnung mit Gott, die Versöhnung mit sich selbst und die Versöhnung mit anderen zusammen. Jesus hat diese Versöhnung beispielhaft gelebt. Das war die Wahrheit seines Lebens. Und nur, wer diese Zuversicht, die Jesus lebte und die er seinen Jüngern lehrte, auch in seinem eigenen Leben erfährt, der weiß, was »Auferstehung« bedeutet, und der kann den Glauben an ein Leben nach dem Tode weitergeben.

»Auferstehung« bedeutet für Tillich Versöhnung mit Gott und damit den »Sieg der Neuen Wirklichkeit«. »Auferstehung«, so schreibt Tillich, »ist nicht ein Ereignis, das in einer fernen Zukunft vielleicht geschehen kann, nein, es ist die Macht des Neuen Seins, Leben aus Tod zu schaffen, hier und jetzt, heute und morgen […] Sie ist zugleich verborgen und offenbar, zugleich dort und hier. Nehmt sie an, dringt in sie ein, lasst euch ergreifen!«[111]

Wer sich ergreifen lässt, der entgeht der Gefahr, wie die Romanfigur Friedrich Klein in einem selbst gemachten Gefängnis aus Ängsten und Misstrauen eingesperrt zu bleiben. Wer in einem solchen Gefängnis sitzt, der verbohrt sich in sein eigenes Unglück und keine Zusage, keine Hilfe von außen kann ihn erreichen. Auch eine eigene Schuld anzuerkennen, wird unmöglich, weil sie durch Angst oder scheinbare Argumente zugedeckt wird. Ebenso unmöglich ist es in diesem Zustand, anderen ihre Schuld zu verzeihen. Die Tore dieses Gefängnisses werden sozusagen von innen zugehalten.[112]

Diese Tore können nur aufgesprengt werden durch eine Kraft, die von außen kommt, eine Kraft, die Vergebung schenkt. Das eindrücklichste Beispiel hierfür ist Petrus, der im Gefängnishof mit den Soldaten am Feuer sitzt und Jesus nicht kennen will. Als Petrus seinen Herrn das dritte Mal verleumdet, triff ihn Jesus' Blick. Das ist ein ungeheurer Moment: Jesus schaut Petrus an. Und Petrus weint bitterlich. Er bricht zusammen – nicht weil ihn der Blick anklagt und ihn schuldig spricht, sondern weil er ihm vergibt. Petrus wird von Jesus nicht angeklagt, er muss sich nicht verteidigen, er muss keine Ausreden und Entschuldigungen suchen. Er erfährt eine Vergebung, die so groß ist, dass er sie nicht ertragen kann. Erst jetzt zeigt er Reue und erkennt seine Schuld. Reue geht hier also nicht der Vergebung voraus, sondern es ist umgekehrt: Erst Vergebung macht Reue möglich.

Rembrandt hat diesen Moment im Innenhof des Palasts des Hohepriesters Kaiphas gemalt. Auf dem Bild sieht man im Vordergrund Petrus, der sich gegen die Verdächtigungen von Soldaten und einer Magd wehrt. Er ist eingehüllt in einen Mantel und sein Gesicht wird erhellt von einer Lampe, die ihm die Magd entgegenhält. Im Hintergrund, fast schattenhaft, wird Jesus von Soldaten weggeführt. Sein Blick über die Schulter geht in Petrus' Richtung, erreicht ihn aber nicht, weil Petrus mit dem Rücken zu Jesus steht. Jesus' Blick geht an Petrus vorbei auf den Betrachter des Bildes. Es ist ein Blick, der durch die Zeiten geht und jeden trifft, der Jesus nicht den Rücken zukehrt. Und wer diesen Blick annimmt und sich ergreifen lässt, der wird vielleicht auch wie Petrus im Evangelium zusammenbrechen. Nicht die Schuld ist es, die ihn zusammenbrechen lässt, sondern die Vergebung – und eine Tiefe der Liebe, die über alle Vorstellungen hinausgeht.

LITERATURVERZEICHNIS

Quellen:

Das Neue Testament. Einheitsübersetzung der Heiligen Schrift, Stuttgart: Katholische Bibelanstalt 1980
Flavius Josephus: *Jüdische Altertümer,* Wiesbaden: Fourier Verlag 1994
Flavius Josephus: *Geschichte des Judäischen Krieges,* Stuttgart: Reclam 2008
Peisker, Carl Heinz: *Zürcher Evangelien-Synopse,* Wuppertal: Oncken 1978
Schneemelcher, Wilhelm: *Neutestamentliche Apokryphen,* zwei Bände, Tübingen: Mohr 1990 und 1997
Stauffer, Ethelbert: *Jerusalem und Rom im Zeitalter Jesu Christi,* Bern: Francke Verlag 1957

Internet:

Das Christentum in den heidnischen Quellen des 1. und 2. Jahrhunderts: *Guide to early church documents* http://www.iclnet.org/pub/resources/christian-history.html
Basiswissen Christentum, Glaubenskurs im »Sonntagsblatt. Evangelische Wochenzeitung für Bayern«: www.glaubenskurs.net

Grundlagen:

Bultmann, Rudolf: *Theologie des Neuen Testaments,* Tübingen: Mohr 1980
Conzelmann, Hans/Lindemann, Andreas: *Arbeitsbuch zum Neuen Testament,* Tübingen: Mohr 1980
Dibelius, Martin: *Die Formgeschichte des Evangeliums,* Tübingen: Mohr 1971
Gerl-Falkovitz, *Verzeihung des Unverzeihlichen? Ausflüge in Landschaften der Schuld, der Reue und der Vergebung,* Wien, Graz, Klagenfurt: Styria 2008
Guardini, Romano: *Christliches Bewusstsein,* München: dtv 1962
Harnack, Adolf von: *Das Wesen des Christentums,* Gütersloh: Gütersloher Verlagshaus Mohn 1977
Kierkegaard, Sören: *Einübung im Christentum,* München: dtv 1977
Lohse, Eduard: *Umwelt des Neuen Testaments,* Göttingen: Vandenhoeck & Ruprecht 1983
Ratzinger, Joseph: *Einführung in das Christentum,* München: Kösel 1968
Zahrnt, Heinz: *Die Sache mit Gott,* München: dtv 1972

Zu Jesus von Nazaret:

Aron, Robert: *Die verborgenen Jahre Jesu,* Frankfurt: Heinrich Scheffler 1962
Ben-Chorin, Schalom: *Bruder Jesus. Der Nazarener in jüdischer Sicht,* München: List 1967
Becker, Jürgen: *Jesus von Nazaret,* Berlin: Walter de Gruyter 1996
Berger, Klaus: *Der Wundertäter. Die Wahrheit über Jesus,* Freiburg, Basel, Wien: Herder 2010
Berger, Klaus: *Jesus,* München: Pattloch 2004
Braun, Herbert: *Jesus – der Mann aus Nazaret und seine Zeit,* Stuttgart: Kreuz 1984

Bühlmann, Walter: *Wie Jesus lebte. Vor 2000 Jahren in Palästina. Wohnen, Essen, Arbeiten, Reisen,* Stuttgart: Rex 1989
Bultmann, Rudolf: *Jesus,* Tübingen: Mohr 1983
Carmichael, Joel: *Leben und Tod des Jesus von Nazaret,* München: Szczensny 1965
Drewermann, Eugen: *Dein Name ist wie der Geschmack des Lebens. Tiefenpsychologische Deutung der Kindheitsgeschichte nach dem Lukasevangelium,* Freiburg: Herder 1986
Drewermann, Eugen. *Das Lukas-Evangelium,* zwei Bände, Düsseldorf: Patmos 2009
Duquesne, Jacques: *Jesus. Was für ein Mensch,* Düsseldorf: Patmos 1997
Flusser, David: *Jesus,* Reinbek bei Hamburg: Rowohlt 1999
Gibson, Shimon: *Die sieben letzten Tage Jesu. Die archäologischen Tatsachen,* München: Beck 2010
Gnilka, Joachim: *Jesus von Nazaret. Botschaft und Geschichte,* Freiburg, Basel, Wien: Herder 1992
Grün, Anselm: *Jesus als Therapeut: Die heilende Kraft der Gleichnisse,* Vier-Türme-Verlag 2011
Hesemann, Michael: *Jesus von Nazaret. Archäologen auf den Spuren des Erlösers,* Augsburg: Sankt Ulrich 2009
Hirschberg, Peter: *Jesus von Nazaret. Eine historische Spurensuche,* Darmstadt: Wissenschaftliche Buchgesellschaft 2004
Hotze, Gerhard u.a. (Hrsg.): *Jesus begegnen: Zugänge zur Christologie,* Freiburg, Basel, Wien: Herder 2009
Jeremias, Joachim: *Die Gleichnisse Jesu,* Göttingen: Vandenhoeck & Ruprecht 1977
Jeremias, Joachim, *Jerusalem zur Zeit Jesu,* Göttingen: Vandenhoeck & Ruprecht 1969
Jesus. Mensch und Geheimnis in Glauben und Kunst, Freiburg, Basel, Wien: Herder 2004
Kroll, Gerhard: *Auf den Spuren Jesu,* Leipzig: St. Benno 1988

Küng, Hans: *Jesus*, München: Piper 2012
Lohfink, Gerhard: *Der letzte Tag Jesu. Was bei der Passion wirklich geschah*, Freiburg, Basel, Wien: Herder 1981
Lohfink, Gerhard, *Jesus von Nazaret. Was er wollte. Wer er war.* Freiburg, Basel, Wien: Herder 2011
Pax, Wolfgang E.: *Auf den Spuren des Jesus von Nazaret*, Bayreuth: Gondrom 1981
Porter, J. R.: *Jesus und seine Zeit. Leben, Lehre und Deutung des Mannes, den man den Christus nennt*, München: Orbis 2002
Prollius, Michael von / Tsigarida, Isabella: *Der historische Jesus, das frühe Christentum und das Römische Reich*, Berlin: Books on demand 2002
Ratzinger, Joseph, Benedikt XVI.: *Jesus von Nazaret*, zwei Bände, Freiburg, Basel, Wien: Herder 2007 und 2011
Roloff, Jürgen: *Jesus*, München: Beck 2012
Ronge, Hartmut: *Alles über Jesus, Leben und Wirken, Wissenswertes und Hintergründe*, Moers: Brendow 2009
Schwarz, Gerhard: *Was Jesus wirklich sagte: Wie man »Tote« lebendig macht*, Wien, Klosterneuburg: Edition Va Bene 2000
Schweitzer, Albert: *Geschichte der Leben-Jesu-Forschung*, zwei Bände, Tübingen: Mohr 1977
Sölle, Dorothee / Schottroff, Luise: *Jesus von Nazaret*, München: dtv 2010
Sölle, Dorothee: *Phantasie und Gehorsam*, Stuttgart, Berlin: Kreuz 1972
Theißen, Gerd / Merz, Annette: *Der historische Jesus. Ein Lehrbuch*, Göttingen: Vandenhoeck & Ruprecht 1997
Theißen, Gerd: *Soziologie der Jesusbewegung*, Gütersloh: Gütersloher Verlagshaus 1997
Tillich, Paul: *Die neue Wirklichkeit*, München: dtv 1962
Vermes, Geza: *Die Passion. Die wahre Geschichte der letzten Tage im Leben Jesus*, Darmstadt: Primus 2006

Walker, Peter: *Jesus und seine Welt*, Freiburg, Basel, Wien: Herder 2007
Zahrnt, Heinz: *Jesus aus Nazaret*, München: Piper 1987
Zweig, Stefan: *Heilung durch den Geist*, Frankfurt am Main: Fischer 1966

Zeitungen, Zeitschriften:

Welt und Umwelt der Bibel. Archäologie, Kunst, Geschichte, hrsg. vom Katholischen Bibelwerk e. V., Stuttgart.
Folgende Einzelhefte:
Jesus. Quellen, Gerüchte, Fakten, Nr. 10, 1998
Jesus, der Galiläer, Nr. 24, 2002
Auf den Spuren Jesu, Teil 1: Von Galiläa nach Judäa, Nr. 4, 2006
Auf den Spuren Jesu, Teil 2: Jerusalem, Nr. 2, 2007
Die Apostel Jesu. Bis an die Grenzen der Erde, Nr. 1, 2011
Jesus von Nazaret und die Entstehung der Weltreligionen, SPIEGEL-Sonderheft, Nr. 6/2011

Literarische Darstellungen:

Bulgakow, Michail: *Der Meister und Margarita*, München: dtv 1968
Saramago, José: *Das Evangelium nach Jesus Christus*, Reinbek bei Hamburg: Rowohlt 1995
Theißen, Gerd: *Im Schatten des Galiläers*, München: Kaiser 1986
Aitmatow, Tschingis: *Der Richtplatz*, Zürich: Unionsverlag 2007
Kazantzakis, Nikos: *Die letzte Versuchung*, Reinbek bei Hamburg; Rowohlt 1984
Koch, Werner: *Diesseits von Golgota*, Frankfurt am Main: Suhrkamp 1986

QUELLENVERZEICHNIS

Einführung

[1] Flavius Josephus: *Jüdische Altertümer,* Wiesbaden: Fourier 1997, 18. Buch, 5. Kapitel, Abschnitt 2, S. 525 f.
[2] Joseph Ratzinger: *Einführung in das Christentum,* München: Kösel 1968, S. 164
[3] Sören Kierkegaard: Unwissenschaftliche Nachschrift, in: ders., *Philosophische Brosamen und Unwissenschaftliche Nachschrift,* München: dtv 1976, S. 550
[4] Karl Jaspers: *Die maßgebenden Menschen,* München: Piper 2000, S. 120

1. Kapitel

[5] Vergil: *Aeneis,* Zürich: Artemis & Winkler 1994, 6. Buch, S. 265 f.
[6] zitiert nach Ethelbert Stauffer: *Jerusalem und Rom im Zeitalter Jesu Christi,* Bern, München: Francke 1957, S. 28
[7] In den folgenden Ausführungen beziehe ich mich auf die Bücher des Flavius Josephus: *Geschichte des Judäischen Krieges,* Stuttgart: Reclam 2008 und *Jüdische Altertümer,* Wiesbaden: Fourier 1994
[8] Flavius Josephus: *Geschichte des Judäischen Krieges,* 1. Buch, 30. Kapitel, Absatz 4, S. 125

[9] Flavius Josephus: *Jüdische Altertümer*, 17. Buch, 2. Kapitel, Absatz 4, S. 444 und 3. Kapitel, Absatz 1, S. 445

[10] Flavius Josephus: *Geschichte des Judäischen Krieges*, 1. Buch, 33. Kapitel, Absatz 5 und 6, S. 137 f.

[11] ebenda, 2. Buch, 4. Kapitel, Absatz 1 und 2

[12] Buch Micha 5,1–3 und Zweites Buch Samuel 5,2

2. Kapitel

[13] Gerhard Schwarz: *Was Jesus wirklich sagte*, Wien; Klosterneuburg: Edition Va bene 2000, S. 172

[14] Gerd Theißen / Annette Merz: *Der historische Jesus*, Vandenhoeck & Ruprecht 1997, S. 149 f.

[15] Flavius Josephus: *Geschichte des Judäischen Krieges*, 1. Buch, 33. Kapitel, Absatz 2–3, S. 135 f.

[16] ebenda, 1. Buch, 21. Kapitel, Absatz 10, S. 93 f.

[17] Auf den Spuren Jesu, Teil 1. Von Galiläa nach Judäa, in: *Welt und Umwelt der Bibel*, 4/2006, S. 46, sowie:
Gerhard Kroll: *Auf den Spuren Jesu*. Leipzig: St. Benno 1988, S. 75 ff.

3. Kapitel

[18] Protoevangelium des Jakobus, in: Wilhelm Schneemelcher: *Neutestamentliche Apokryphen*, Teil 1: Evangelien, Tübingen: Mohr 1990, S. 334–349

[19] Mt 1,18 und Lk 1,35

[20] Joseph Ratzinger: *Einführung in das Christentum*, München: Kösel 1968, S. 227

[21] Peter Seewald: *Jesus Christus. Die Biografie*, München: Knaur 2011, S. 110

[22] ebenda, S. 228

[23] www.Nazaretvillage.com

[24] Robert Aron: *Die verborgenen Jahre Jesu,* Frankfurt am Main: Heinrich Scheffler 1962, S. 38
[25] Walter Buhlmann: *Wie Jesus lebte. Vor 2000 Jahren in Palästina. Wohnen, Essen, Arbeiten, Reisen,* Stuttgart: Rex 1989, S. 22 ff.
[26] Flavius Josephus: *Geschichte des Judäischen Krieges,* 2. Buch, 3. Kapitel, Absatz 3, S. 149
[27] Romano Guardini: *Das Bild von Jesus dem Christus im Neuen Testament,* S. 122 f.

4. Kapitel

[28] Kindheitserzählung des Thomas, in: Wilhelm Schneemelcher: *Neutestamentliche Apokryphen,* 1. Band Evangelien, Tübingen: Mohr 1990, S. 349–361
[29] Flavius Josephus: *Geschichte des Judäischen Krieges,* 2. Buch, 8. Kapitel, Absatz 1, S. 158
[30] Gerhard Kroll: *Auf den Spuren Jesu,* S. 92 ff.
[31] Flavius Josephus: *Geschichte des Judäischen Krieges,* 5. Buch, 5. Kapitel, S. 373 ff.
[32] Der Tempel von Jerusalem, in: *Welt und Umwelt der Bibel,* 13/1999
[33] nach: Michael Hesemann: *Jesus von Nazaret, Archäologen auf den Spuren des Erlösers,* Augsburg: St. Ulrich 2009, S. 87
[34] Friedrich Nietzsche: *Menschliches, Allzumenschliches,* in: ders., Werke in drei Bänden, Darmstadt: Wissenschaftliche Buchgesellschaft, Erster Band, S. 435–1008, hier S. 439
[35] Franz Kafka: Brief an Felice Bauer vom 21.11.1912, in: ders., *Briefe an Felice,* Frankfurt am Main: Fischer 1983, S. 112
[36] Karl Jaspers: *Die maßgebenden Menschen,* S. 111
[37] Romano Guardini: *Das Bild von Jesus dem Christus im Neuen Testament,* S. 120; vgl. auch 1. Kön 19,11–12

Zwischenfrage: Wie sah Jesus aus?

[38] nach: Walter Vogt: Gestalt und Aussehen Jesu, in: *Wegbegleiter*, 2/2001, S. 59–61

[39] nach: Karl Jaspers: *Die maßgebenden Menschen*, S. 108

[40] Peter Seewald: *Jesus Christus. Die Biografie*, S. 301 und 476

[41] Süddeutsche Zeitung vom 6. September 2011, auch unter: www.sueddeutsche.de/.../christus-kitsch-fuer-maenner-jesus-sah-besser-aus-als-ich«. Interview mit Stephen Sawyer

[42] Der weibliche Christus: webspace.webring.com/people/mv/vinvice/christa.html

[43] The Real face of Jesus, in: *Popular Mechanics*, December 7/2002

[44] Christian Jankowski: Casting Jesus, www.lissongallery.com

[45] Albert Schweitzer: *Geschichte der Leben-Jesu-Forschung*, zwei Bände, Gütersloh: Gütersloher Verlagshaus 1977

5. Kapitel

[46] Gerhard Kroll: *Auf den Spuren Jesu*, S. 158 ff., hier S. 166

[47] Flavius Josephus: *Geschichte des Judäischen Krieges*, 2. Buch, 8. Kapitel, S. 158 ff.

[48] Eduard Lohse: *Umwelt des Neuen Testamentes*, Göttingen: Vandenhoeck & Ruprecht 1983, S. 63 ff.

[49] Fjodor M Dostojewski: *Schuld und Sühne*, München: dtv 1988, S. 32 f.

[50] Hermann Hesse: Krieg und Frieden, in: ders., *Politik des Gewissens*, Erster Band, Frankfurt am Main: Suhrkamp 1981, S. 271–274, S. 272 f.

[51] Joseph Ratzinger Benedikt XVI: *Jesus von Nazaret*, Freiburg, Basel, Wien: Herder 2007, S. 54

[52] Fjodor M. Dostojewski: *Die Brüder Karamasow*, München: Winkler 1988, S. 151
[53] Hans Küng: *Jesus*, München: Piper 2012, S. 62
[54] Psalm 91,11 f.
[55] Fjodor M. Dostojewski: *Die Brüder Karamasow*, S. 332–357

6. Kapitel

[56] Auf den Spuren Jesu, Teil 1: Von Galiläa nach Judäa, in: *Welt und Umwelt der Bibel* 4/2006, S. 20f.; Gerhard Kroll: *Auf den Spuren Jesu*, S. 214 ff.
[57] Schalom Ben-Chorin: *Bruder Jesus. Der Nazarener aus jüdischer Sicht*, München: List 1967, S. 62
[58] Die Apostel Jesu, in: *Welt und Umwelt der Bibel*, 1/2011
[59] Flavius Josephus: *Jüdische Altertümer*, 18. Buch, 5. Kapitel, Absatz 2, S. 526
[60] Lk, 13,31; Michael Tilly: Der Fuchs auf dem Herrscherthron, in: *Welt und Umwelt der Bibel*; 24/2002, Jesus der Galiläer, S. 15–20
[61] Albert Schweitzer: *Geschichte der Leben-Jesu-Forschung*, Band 1, S. 140

7. Kapitel

[62] Flavius Josephus: *Jüdische Altertümer*, 20. Buch, 9. Kapitel, Absatz 2, S. 667
[63] Ethelbert Stauffer: *Jerusalem und Rom im Zeitalter Jesu Christi*, Bern: Francke 1957, S. 67 f.
[64] Von Galiläa nach Judäa, in: *Welt und Umwelt der Bibel*, Auf den Spuren Jesu, Teil 1, 4/2006, S. 38 f.
[65] Eduard Lohse: *Umwelt des Neuen Testaments*, S. 73 f. und S. 121 ff.

[66] Joachim Jeremias: *Die Gleichnisse Jesu,* Göttingen: Vandenhoeck & Ruprecht 1977, S. 201 f.

[67] Dan Brown: *Sakrileg,* Bergisch Gladbach: Lübbe 2005

[68] Susanne Heine: *Frauen der frühen Christenheit,* Göttingen: Vandenhoeck & Ruprecht 1987, S. 59–79; Dorothee Sölle / Luise Schottroff: *Jesus von Nazaret,* München: dtv 2010, S. 37 ff.

[69] Heinz Zahrnt: *Jesus aus Nazaret,* München: Piper 1987, S. 116

[70] Das Evangelium nach Philippus, in: Wilhelm Schneemelcher, *Neutestamentliche Apokryphen,* I. Band, S. 161

8. Kapitel

[71] Albert Schweitzer: *Geschichte der Leben-Jesu-Forschung,* Band 1, S. 91 f.

[72] Eberhard Bethge (Hrsg.): *Widerstand und Ergebung. Briefe und Aufzeichnungen aus der Haft,* München: Kaiser 1970, S. 307 f.

[73] Gerhard Schwarz: *Was Jesus wirklich sagte,* Wien, Klosterneuburg: Edition Va bene 2000, S. 162

[74] Dietrich Bonhoeffer: *Widerstand und Ergebung,* S. 308

[75] Paul Tillich: Vom Heilen, in: ders., *Die neue Wirklichkeit,* München: dtv 1962, S. 96–108

[76] Sören Kierkegaard: Die Krankheit zum Tode, in: ders., *Die Krankheit zum Tode und anderes,* München: dtv 1976, S. 40

[77] Günther Bornkamm: *Jesus von Nazaret,* Stuttgart: Kohlhammer 1977, S. 65; Peter Hirschberg: *Jesus von Nazaret,* Darmstadt: Wissenschaftliche Buchgesellschaft 2004, S. 141 ff.

[78] Paul Tillich: Zwei Seinsordnungen, in: ders., *Die neue Wirklichkeit,* S. 18–28, hier S. 23

[79] Romano Guardini: *Vom Sinn der Schwermut,* Mainz: Matthias Grünewald 1987, S. 27 f.

[80] Botho Strauß: *Rumor*, Frankfurt am Main u.a.: Ullstein 1982, S. 145

[81] Ingeborg Bachmann: Die Wahrheit ist dem Menschen zumutbar, in: *Werke*, Band 4, München, Zürich: Piper 1993, S. 275–277, hier 276

[82] Peter L. Berger: *Auf den Spuren der Engel. Die moderne Gesellschaft und die Wiederentdeckung der Transzendenz*, Frankfurt am Main: Fischer 1970, S. 109

[83] Michael Ende: Über das Ewig-Kindliche. Vortrag in Tokio, in: *Zettelkasten. Skizzen und Notizen*, Stuttgart, Wien: Weitbrecht 1994, S. 177–198, hier S. 190

[84] Hermann Hesse: Der Kurgast, in: ders., *Gesammelte Werke in zwölf Bänden*, Band 7, S. 7–113, hier S. 52 ff.

9. Kapitel

[85] Siehe dazu: Romano Guardini: *Die letzten Dinge*, Würzburg. Werkbund 1966, S. 19 f.

[86] Siehe dazu: Schalom Ben-Chorin: *Bruder Jesus*, S. 100

[87] Vgl.: Eugen Drewermann: *Das Lukas-Evangelium*, zwei Bände, Düsseldorf: Patmos 2009, Bd. 1, S. 779 ff.

[88] Gottfried Keller: Abendlied, in: ders., *Werke in fünf Bänden*, Zürich: Stauffacher 1973, Bd. 5, S. 256

[89] Fjodor Dostojewski: *Die Brüder Karamasow*, S. 79

[90] Gerhard Kroll: *Auf den Spuren Jesu*, S. 311

[91] C. G. Jung: *Psychologie und Religion*, Zürich und Leipzig: Rascher 1939, S. 85 f.

[92] Josef Pieper: *Muße und Kult*, München: Kösel 1965, S. 89 f.

10. Kapitel

[93] Martin Luther: Summarien über die Psalmen, Der 30. Psalm, in: *Luther Deutsch. Die Werke Martin Luthers,* hrsg. von Kurt Aland, Band 5: Die Schriftsauslegung, S. 176–195, hier S. 193

[94] Martin Luther: Warum Einsamkeit zu fliehen sei, zitiert nach: Hannah Arendt: *Elemente und Ursprünge totaler Herrschaft,* München, Zürich: Piper 1996, S. 976

[95] Ethelbert Stauffer: *Jerusalem und Rom im Zeitalter Jesu* Christi, S. 73

[96] Michael Hesemann: *Jesus von Nazaret,* S. 264

[97] Flavius Josephus: *Jüdische Altertümer,* 17. Buch, 10. Kapitel, Absatz 6, S. 487 und 489

[98] Vgl. Joseph Ratzinger, Benedikt XVI.: *Jesus von Nazaret,* erster Teil, S. 69 f.

[99] Dorothee Sölle: *Phantasie und Gehorsam,* Stuttgart: Kreuz 1976, S. 63

[100] Michael Hesemann: *Jesus von Nazaret,* S. 266

[101] Michail Bulgakow: *Der Meister und Margarita,* München: dtv 1988, S. 341 und 323

[102] Nach Geza Vermes: *Die Passion. Die wahre Geschichte der letzten Tage im Leben Jesu,* Darmstadt: Primus 2006, S. 35

[103] Shimon Gibson: *Die sieben letzten Tage Jesu.* Archäologische Tatsachen, München: Beck 2010, S. 147 ff.

11. Kapitel

[104] Romano Guardini: *Das Bild von Jesus dem Christus im Neuen Testament,* S. 130

[105] Seneca: *Von der Kürze des Lebens,* München: dtv 2011, S. 29 und 40 f.

[106] Sören Kierkegaard: *Einübung ins Christentum,* München: dtv 1977, S, 189
[107] Friedrich Nietzsche: *Die fröhliche Wissenschaft,* in: ders., *Werke in drei Bänden,* Darmstadt: Wissenschaftliche Buchgesellschaft 1960, S. 7–274, hier S. 127, Aphorismus Nr. 125
[108] Joh 12,24; Luk, 18,19; Mk 8,35; Mk 2,27; Joh 2,13–22; Lk 12,26
[109] Blaise Pascal: *Gedanken,* Basel: Schibli-Doppler. Mit einer Einführung von Romano Guardini, S. 10
[110] Hermann Hesse: *Klein und Wagner,* Frankfurt am Main: Suhrkamp 1973
[111] Paul Tillich: *Das neue Sein,* in: ders., *Die neue Wirklichkeit,* München: dtv 1962, S. 85–95, S. 94
[112] Siehe dazu: Hanna-Barbara Gerl-Falkovitz: *Verzeihung des Unverzeihlichen? Ausflüge in Landschaften der Schuld, der Reue und der Vergebung,* Wien, Graz, Klagenfurt: Styria 2008

Danksagung

Mein Dank gilt Frau Kathrin Rau und Frau Katharina Ebinger, die mich zu diesem Buch ermutigt haben.
Weiterhin meinem Lektor Frank Griesheimer, der mich immer wieder davor bewahrt hat, allzu theologisch und somit unverständlich zu werden.
Und schließlich Dr. Werner Anetsberger, der mir mit seinem theologischen und historischen Fachwissen eine wichtige Hilfe war.